MEINE VIETNAMESISCHE KÜCHE

REZEPTE AUS VIETNAM,
KAMBODSCHA UND LAOS

Mit diesem Buch möchte ich vor allem meine Mutter My Cam ehren. Mit ihr zusammen habe ich 1981 das Restaurant „Au Coin des Gourmets“ eröffnet.
Inzwischen habe ich die Fackel an meine Brüder und Schwestern weitergereicht. So wird in unseren Pariser Restaurants weiterhin nach Familienrezepten aus Vietnam, Kambodscha und Laos gekocht.

VIRGINIE TA

”

MEINE VIETNAMESISCHE KÜCHE

REZEPTE AUS VIETNAM, KAMBODSCHA UND LAOS

-

VIRGINIE TA

Fotos:
Philippe Vaurès-Santamaria

Foodstyling:
Garlone Bardel

Redaktion:
Brigitte Eveno

h.f.ullmann

INHALT

UTENSILIEN

VORSPEISEN

HAUPTGERICHTE

DESSERTS

AU COIN DES GOURMETS
Indochine
ZAGAT
SURVEY

AU COIN DES GOURMETS

ALS MEINE FAMILIE IN FRANKREICH EINTRAF, BESCHLOSS ICH, EIN SPEISELOKAL ZU ERÖFFNEN, UND SO WURDE 1981 DAS RESTAURANT „AU COIN DES GOURMETS“ AUS DER TAUFE GEHOBEN.

Um einer arrangierten Ehe zu entgehen, hatte ich Kambodscha und meine Familie 1973 verlassen, um meine Schulausbildung in Paris fortzusetzen. Tagsüber arbeitete ich als Serviererin, abends besuchte ich Kurse, um das Abitur machen und danach eine Ausbildung zur Dekorateurin beginnen zu können. Doch dann hat die Machtübernahme der Roten Khmer im Jahr 1975 unser Leben völlig verändert. Die Ankunft meiner Familie in Frankreich 1977 machte meine Ausbildungspläne zunichte: Als älteste Tochter war ich nun für meine Brüder und Schwestern verantwortlich. Ich kümmerte mich um sie und nahm sie bei mir auf. Indem ich zwei Jobs annahm, konnte ich eine Weile für unseren Unterhalt aufkommen. Doch dann nahm mein Schicksal eine erneute Wendung: Ich beschloss nämlich, ein Speiselokal zu eröffnen, und so wurde 1981 das Restaurant „Au Coin des Gourmets“ aus der Taufe gehoben. Meine Mutter My Cam kochte, meine jüngere Schwester Barbara half ihr dabei. Ich selbst war die Geschäftsführerin, die unser kleines Unternehmen leitete. Meine Mutter entfaltete all ihre kulinarischen Künste, durch die unser Restaurant seinen guten Ruf erlangte.
Rasch fühlte sich ganz Paris von den köstlichen Gerichten aus Südostasien angezogen. So manche französischen Berühmtheiten wie etwa Carlos, Nathalie Baye und Bertrand Tavernier wurden unsere Stammgäste. Auch durch sie wurde unsere Kundschaft immer zahlreicher. Inzwischen hat meine Schwester Barbara im Jahr 1988 eine zweite Filiale eröffnet, nämlich das „Restaurant d'Indochine“ in der Rue Mont-Thabor. Von 1984 bis 2009 entwickelte sich unser Unternehmen kontinuierlich weiter. 2010 habe ich dann beschlossen, die Leitung abzugeben.
Dieses Buch ist eine einzigartige Gelegenheit, unsere Mutter zu würdigen, die uns ihre Kochkunst mit all ihren historisch gewachsenen Eigenarten hinterlassen hat. Unsere sowohl von kambodschanischen als auch von vietnamesischen Vorfahren abstammende Mutter ist die Meisterköchin der Familie. Als solche hat sie die Aromen der Gerichte ihrer Heimat in unserem Restaurant zu neuem Leben erweckt. Gewürze, Kräuter, Wurzeln und Saucen bilden die Grundelemente dieser Küche, und nur unsere Mutter kennt das Geheimnis ihrer Kombinationen, die jedem Gericht seinen vollendeten Geschmack verleihen. Alle diese besonderen Aromen finden sich in vielfältiger Form in den traditionsreichen Rezepten dieses Buches wieder.
In diesem Sinne – versuchen Sie es einmal und lassen Sie es sich schmecken!

VIRGINIE TA

UTENSILIEN

1 **REISKOCHER:** Gerät, mit dem sich schnell Reis kochen lässt und das man nicht beaufsichtigen muss; 400 g Reis (für 4 Personen) benötigen 20 Minuten Garzeit.

2 **WOK:** Eine Art Pfanne mit abgerundetem Boden, aus Gusseisen oder Stahl; geeignet zum sehr schnellen Anbraten von Gemüse, Fleischstreifen, Fisch usw.

3 **TIP KHAO:** Mit geflochtenem Bambus überzogene Metallschale mit Deckel; in ihr lässt sich eine Portion gekochter Duft-Klebreis warm halten.

4 **HACKMESSER:** Messer mit sehr feiner, 15 cm langer und 8 cm breiter Klinge; geeignet zum Zerteilen von Fleisch in große Stücke, zum Hacken von Gemüse usw.

5 **DIM-SUM-KORB** oder Dampfkorb: Bambuskorb mit Deckel; geeignet zum Garen verschiedener Speisen über Dampf: Ravioli, Teigtaschen, Brötchen usw.

2
3
4
5

GRUND-NAHRUNGS-MITTEL

Von links nach rechts und von oben nach unten

- **WEISSER DUFTREIS:** Langkörnig, fein und mit subtilem Aroma
- **KLEBREIS:** Auch Bergreis genannt, sehr stärkehaltig und klebend; wird als süße oder salzige Beilage serviert
- **TAPIOKA:** Perlen aus Maniokmehl, leicht klebend; werden für die Zubereitung von Desserts verwendet
- **REIS-TEIGBLÄTTER:** Unterschiedliche Formen und Größen; werden bei der Herstellung von Frühlingsrollen verwendet
- **REISNUDELN:** Je nach Gericht unterschiedlich dick; von links nach rechts: mitteldicke Nudeln für Frühlingsrollen und Bo Bun, etwas dickere für Suppen und sehr feine, auch „Engelshaar“ genannte, als Beilage. In Vietnam ist Engelshaar fast beliebter als Reis.

GEWÜRZE

Von links nach rechts und von oben nach unten

- **SATAY (*SATÉ*):** Mischung aus Paprika, Knoblauch, Zucker, Erdnüssen, Salz und Sesam; von roter Farbe; wird bei der Zubereitung von Fleisch- oder Garnelengerichten im Wok oder für Fondue verwendet.
- **SZECHUANPFEFFER (*XUYEN TIEU*):** Passt zu Schweinefleisch, Huhn, Ente, Fisch usw.
- **CURRY (*CARI*):** Gewürzmischung aus Kurkuma, Paprika und Ingwerpulver; wird zum Würzen von Fleischgerichten und bei der Zubereitung von Saucen verwendet.
- **STERNANIS (*HOI HONG*):** Zum Würzen von Eintöpfen oder Fleischgerichten.
- **KORIANDERSAMEN (*HAT MUI*):** Ihr Moschusduft passt zu Suppen oder Schmorfleisch.
- **KURKUMA (*NGÉ*):** Als Pulver hat sie eine medizinische Wirkung – antioxidierend und gut gegen Entzündungen; das Pulver schmeckt pikant und zitronig.
- **GEWÜRZNELKEN (*DINH HUONG*):** Ihr aromatischer Geschmack passt bestens zu karamellisiertem Schweinefleisch; die Nelke ist auch eine der Komponenten der Fünf-Gewürze-Mischung.
- **GEMAHLENER PFEFFER:** Passt zu allen Gerichten.
- **ZIMT (*QUÉ*):** Wird verwendet, um Wurst und Suppen schmackhaft zu machen.
- **MUSKATNUSS (*QUA NHUC DAN KHAU*):** Sehr beliebt für Suppen und alles mit Bouillon.
- **FÜNF-GEWÜRZE-MISCHUNG (*NGU YI HUONG*):** Mischung aus gemahlenem Sternanis, Gewürznelken, Muskatnuss, Zimt und Pfeffer.
- **WEITERE GEWÜRZE:** Edelsüßes Paprikapulver (Bot ot) für Fleisch- und Fischgerichte.

AROMATISCHE KRÄUTER

Von links nach rechts und von oben nach unten

- **CHINESISCHER KORIANDER ODER CHINESISCHE PETERSILIE (*NGOR*):** Zum Verfeinern von Suppen, Fleisch- und Fischgerichten.
- **LANGER KORIANDER (*NGOR GAI*):** Kommt in der vietnamesischen Küche sehr häufig bei der Zubereitung der Suppe Phô oder bei Ravioli zum Einsatz.
- **RAU NGOR OM:** Kräuterart, die den Geschmack der süßsauren vietnamesischen Suppe veredelt.
- **THAI-BASILIKUM (*RAU VÉ*):** Sein Anisgeschmack verfeinert Phô-Suppen, Garnelengerichte und gebratenes Rindfleisch.
- **RAO-RAM-MINZE:** Zum Würzen von Salaten oder zu Eiern (z.B. in kochendem Wasser zubereitete Enteneier, die man mit Rao-ram-Minze, Salz und Pfeffer verzehrt).
- **VIETNAMESISCHE MINZE (*RAU MANT*):** Wird bei der Zubereitung von Frühlingsrollen und als Beilage zu Fleischspießen verwendet.
- **SCHNITTLAUCH (*HANH LA*):** Kommt beim Würzen von Suppen und anderen Speisen großzügig zum Einsatz.
- **KAFFIRLIMETTENBLÄTTER (*LA TRAI CHUC*):** Diese auch Combava genannten Blätter sind stark duftend und werden in der thailändischen, kambodschanischen und laotischen Küche sehr oft verwendet.

- **SOJASPROSSEN:** Bohnenkeimlinge (dan san), die im Salat oder als Beilage auf den Tisch kommen.
- **SCHWARZE CHINESISCHE CHAMPIGNONS:** Sehr aromatisch; kommen in der chinesischen und südostasiatischen Küche zum Einsatz.
- **INGWER:** Wurzelgewächs, gern gesehener Bestandteil der asiatischen Küche.
- **THAI-INGWER (*GALGANT*):** Wurzelgewächs, das dem Ingwer sehr ähnlich ist.
- **KURKUMA:** Aus der Familie der Ingwerpflanzen; mit Kurkumapulver lassen sich zahlreiche Gerichte verfeinern. Hackt man Kurkuma mit Zitronengras und Kaffirlimettenschalen klein, so erhält man eine Paste, die sich sehr gut zur Herstellung von Marinaden für Fleisch- und Fischgerichte eignet.

AROMATISCHE WURZELN UND PFLANZEN

Von links nach rechts und von oben nach unten

- **CHILI:** Sehr scharf und in vielen Formen und Farben verfügbar; nur etwas für echte Gewürzliebhaber und in Maßen zu genießen!
- **KAFFIRLIMETTE:** Frucht mit schrumpeliger und höckeriger Schale; man reibt die Schale ab, um Suppen und Hauptgerichte damit abzurunden.
- **LIMETTE:** Mit ihrem Saft lassen sich viele Saucen aromatisieren, darunter die verfeinerte Variante der Nuoc-Mam-Sauce.
- **ZITRONENGRAS:** Veredelt den Geschmack von Suppen sowie Fleisch- und Fischgerichten.

EXOTISCHE FRÜCHTE

Unten von links

- **STACHELANNONE:** Aus der Familie der Zimtäpfel; man isst das weiße, cremig-süße Fruchtfleisch; bestens geeignet für Milchshakes mit Eiswürfeln und Kokosmilch.
- **MANGO:** Runde oder ovale Frucht mit süßem und cremigem Fruchtfleisch; grüne Mango wird in Salat serviert; gelbe Mango genießt man als Sorbet, als Konfitüre oder auch gebraten.

SAUCEN UND PASTEN

Von links nach rechts und von oben nach unten

- **NUOC MAM:** Fischsauce zum Verfeinern von Gerichten oder als Beimischung zu weiteren Zutaten; wird in manchen Rezepten aber auch einfach zum Nachwürzen oder als begleitende Sauce empfohlen.
- **ROTE CHILISAUCE (*SRIRACHA*):** Mischung aus Chili, Salz, Essig und Knoblauch.
- **KOKOSMILCH:** Wird in Südostasien sehr häufig in Hauptgerichten und Desserts verwendet.
- **HOISIN-SAUCE:** Dicke, braune, süßliche Sauce auf Basis von Sojapaste; wird zu Rind, Schwein, Huhn und Ente gereicht.
- **SOJASAUCE:** Aus fermentierten Sojabohnen in Salzlake hergestellt; delikate Sauce zum Nachwürzen bei Tisch; passt ausgezeichnet zu Gebratenem.
- **AUSTERNSAUCE:** Extrakt aus fetten Austern; salziger und sehr markanter Geschmack; wird im Allgemeinen zum Würzen von Fleisch-, Fisch- und Nudelgerichten verwendet.
- **GARNELENPASTE:** In der vietnamesischen, laotischen, kambodschanischen und thailändischen Küche sehr oft verwendete Würzpaste.
- **TAMARINDENPASTE:** Tropenfruchtpaste, die dazu dient, Suppen und Hauptgerichten einen süßsauren Geschmack zu verleihen.

NƯỚC MẮM SIÊU HẠNG
Phú Quốc
Excellent Quality Fish Sauce
Sauce de Poisson
HƯNG THÀNH
SAUCE DE PIMENT SRIRACHA
TWIN
ELEPHANTS
& EARTH BRAND
COCONUT MILK
AMOY
海鮮醬
HOI SIN SAUCE
KIKKOMAN
NATURALLY BREWED
Soy Sauce
150 ml
255g (9oz)
SHRIMP PASTE
PATE DE CREVETTE
Tamarind
TAMARIND
TAMARIN
WITHOUT SEED
SANS NOYAU
Tamarindus indica Linn.
ME CHUA
มะขามสด
酸子
COCK BRAND
POIDS NET 454 g

VORSP

EISEN

FÜR 1 l Sauce
ZUBEREITUNGSZEIT 30 Minuten
RUHEZEIT 2 Stunden
GARZEIT 10 Minuten

VERFEINERTE FISCHSAUCE

Nuoc Mam

- 150 ml Nuoc Mam (Fischsauce)
- 400 g Zucker
- 450 ml Wasser
- 2 Prisen Salz
- 2 Knoblauchzehen
- 2 Chilischoten
- 1 Karotte
- 100 geröstete Erdnüsse, ungesalzen
- 225 ml Weißweinessig (6%)

Diese Sauce passt sehr gut zu allen Gerichten. Wenn es ein Rezept aus der Küche Indochinas gibt, das man sich merken sollte, dann ist es dieses hier. Jede Familie bereitet die Sauce auf ihre eigene Weise zu. Dieses Rezept stammt von unserer Mutter.

- Die Fischsauce in einem Topf mithilfe einer Gabel mit dem Zucker und dem Wasser verrühren. Zum Kochen bringen. Den Topf von der Platte nehmen und das Salz hinzufügen. Umrühren und 20 Minuten abkühlen lassen.
- Die Knoblauchzehen schälen und in dünne Scheiben schneiden. Die Chilischoten halbieren, entkernen und mit einem spitzen Messer klein hacken. Die Karotte schälen und mit dem Sparschäler in feine Streifen ziehen. Die Erdnüsse mit einem Stößel oder im Mixer zerkleinern.
- Den Weißweinessig unter ständigem Rühren nach und nach in den Topf geben. Knoblauch und Chili hinzufügen und das Ganze 2 Stunden ziehen lassen.
- Die Sauce in eine Schüssel geben, mit Frischhaltefolie abdecken und kühl stellen. Die Karottenstreifen und die zerstoßenen Erdnüsse unmittelbar vor dem Servieren hinzufügen.

Diese Sauce hält sich 2–3 Tage, ohne dass sich ihr Geschmack verändert.

FÜR 4 Personen
ZUBEREITUNGSZEIT 30 Minuten
GARZEIT 5 Minuten

RINDFLEISCHSALAT MIT ZITRONENGRAS

Nhiom Sath Ko

In Kambodscha und Laos genießt man diesen angenehm nach Zitronengras duftenden Salat bei einem leichten, kalten Bier. Ein kühler Rotwein passt ebenfalls.

500 g Rindfleisch (Stücke für Fondue)
Salz
Pfeffer
60 g Zitronengras
20 g Thai-Basilikum
1 Zwiebel
2 Schalotten
1 Kopf Bataviasalat

Für die Sauce
50 ml Nuoc Mam
50 ml Weißweinessig (6%)
30 ml Chilisauce (Sriracha oder Chilacha)
45 g Zucker

- Das Rindfleisch rundherum gut salzen und pfeffern. In einem stark erhitzten Wok auf jeder Seite 1 ½ Minuten trocken anbraten (ohne Öl). Das Fleisch muss blutig bleiben. 10 Minuten abkühlen lassen.
- Das Rindfleisch mit einem scharfen Messer in dünne Streifen schneiden und bei Zimmertemperatur ruhen lassen.
- Das Zitronengras und das Basilikum waschen und abtrocknen. Die Zwiebel und die Schalotten schälen. Zitronengras, Zwiebel und Schalotten mit einem kleinen, spitzen Messer in dünne Ringe schneiden. Die Basilikumblätter grob zerkleinern.
- Für die Sauce Nuoc-Mam-Sauce, Weißweinessig, Chilisauce und Zucker in einer großen Schüssel verrühren. Rindfleisch, Zitronengras, Schalotten- und Zwiebelringe sowie die gehackten Basilikumblätter hinzufügen und gut einrühren.
- Den Salat waschen, trocken schleudern und zur Hälfte in dünne Streifen schneiden. Das Rindfleisch mitsamt der Sauce auf dem Salat anrichten und servieren.

Die Sriracha- oder Chilacha-Sauce ist ebenso wie die Nuoc-Mam-Sauce in asiatischen Lebensmittelgeschäften erhältlich.

FÜR 4 Personen
ZUBEREITUNGSZEIT 30 Minuten
RUHEZEIT 30 Minuten
GARZEIT 3 Minuten

PAPAYASALAT MIT GARNELEN

Niom Lorhong

Dieser Salat ist in Südostasien sehr beliebt. Man kann ihn mit Nuoc Mam anmachen oder auch weniger scharf würzen, ganz nach Belieben. Ich bevorzuge ihn nach Art meiner Mutter mit zerstoßenen Erdnüssen.

300 g frische Sägegarnelen (Größe 21–25)
1 ½ grüne Papayas
3 Karotten
100 g vietnamesische Minze (Rau mant)
100 g Rao-ram-Minze
20 g geröstete Erdnüsse
30 g Salz

Für die Sauce
1 Chilischote
2 Knoblauchzehen
50 ml Nuoc Mam
50 ml Weißweinessig (6%)
40 ml kaltes Wasser
60 g Zucker

- Jede Garnele sorgfältig aus ihrem Panzer lösen und in der Rückenmitte einschneiden, um Unreinheiten entfernen zu können. Die Garnelen waschen und 3 Minuten in einen Topf mit kochendem Wasser geben. Mit kaltem Wasser abschrecken. Abtropfen lassen und beiseitestellen.
- Die Papayas schälen und halbieren, die Samen entfernen. Das Fruchtfleisch in Streifen schneiden. Die Streifen in einer Schüssel mit kaltem Wasser und 15 g Salz 30 Minuten lang einweichen. Gut mit kaltem Wasser abspülen, in einem Sieb abtropfen lassen und mit einem sauberen Geschirrtuch trocken tupfen. Im Sieb in den Kühlschrank stellen.
- Die Karotten schälen und reiben. Die geriebenen Karotten in einer Schüssel mit kaltem Wasser und 15 g Salz 30 Minuten lang einweichen. In ein Sieb geben, unter kaltem Wasser sorgfältig abspülen und abtropfen lassen. Mit einem sauberen Geschirrtuch trocken tupfen und in den Kühlschrank stellen.
- Für die Sauce die Chilischote halbieren, entkernen und klein hacken. Den Knoblauch schälen und in dünne Scheiben schneiden. Die Nuoc-Mam-Sauce mit dem Essig, dem Wasser und dem Zucker in einem Gefäß verrühren. Chili und Knoblauch hinzufügen.
- Die Sauce in eine Schüssel geben und die Rau-mant-Blätter, die fein gehackten Rao-ram-Blätter, die Papayastücke und die geriebenen Karotten hinzufügen. Das Ganze vorsichtig vermengen. Den Salat auf tiefe Teller verteilen. Die gekochten Garnelen darauf anrichten. Zum Schluss alles mit den grob zerkleinerten gerösteten Erdnüssen bestreuen.

Rau mant ist eine asiatische Minzsorte, die sehr häufig zu Speisen wie den kleinen Cha-gio-Frühlingsrollen gereicht wird. Rao ram ist eine Minzsorte, die nach Zitronengras und Koriander duftet.

FÜR 4 Personen
ZUBEREITUNGSZEIT 30 Minuten
GARZEIT 3 Minuten

LAOTISCHER GARNELENSALAT

Niom Ban Cann

500 g frische große Sägegarnelen (Größe 21–25)
60 g Zitronengras
20 g Thai-Basilikum
1 Zwiebel
2 Schalotten
1 Kopf Bataviasalat

Für die Sauce
50 ml Nuoc Mam
50 ml Limettensaft
30 g Garnelenpaste mit Zitronengras (*Shrimp paste*)
60 g Zucker

„Dieser Salat hat einen sehr frischen Geschmack. Diese Frische verdankt er dem Limettensaft und dem Zitronengras, die ihm einen ganz besonderen Reiz verleihen. Und dazu ein fruchtiger Weißwein ... was halten Sie davon?“

- Jede Garnele sorgfältig aus ihrem Panzer lösen und in der Rückenmitte einschneiden, um Unreinheiten entfernen zu können. Die Garnelen waschen und 3 Minuten in einen Topf mit kochendem Wasser geben. Mit kaltem Wasser abschrecken. Abtropfen lassen und beiseitestellen.
- Das Zitronengras und den Basilikum waschen und trocken tupfen. Die Zwiebel und die Schalotten schälen. Zitronengras, Zwiebel und Schalotten mit einem kleinen, spitzen Messer in dünne Ringe schneiden. Die Basilikumblätter grob hacken.
- Nuoc-Mam-Sauce, Limettensaft, Garnelenpaste und Zucker in einer Schüssel verrühren. Das Ganze in eine Salatschüssel geben; Garnelen, Zitronengras, Zwiebel- und Schalottenringe sowie den Basilikum hinzufügen. Alles gut durchmischen.
- Den Bataviasalat waschen, trocken schleudern und in dünne Streifen schneiden. Auf 4 Teller verteilen, die Garnelen mit der Sauce darauf anrichten und servieren.

Die Garnelenpaste mit Zitronengras (Shrimp paste) sowie die Fischsauce (Nuoc Mam) sind in asiatischen Lebensmittelgeschäften erhältlich.“

FÜR 4 Personen
ZUBEREITUNGSZEIT 30 Minuten
GARZEIT 3 Minuten

ANANASSALAT MIT GARNELEN

Niom Manoiss

> *Besonders originell und exotisch wirkt es, wenn Sie den Salat in sorgfältig ausgehöhlten Ananasfrüchten servieren.*

300 g frische große Sägegarnelen (Größe 21–25)
2 kleine Ananas (jeweils etwa 500 g)
1 Zwiebel
2 Schalotten
20 g Thai-Basilikum
1 Kopf Bataviasalat
200 g geriebene Karotten

Für die Sauce
50 ml Nuoc Mam
50 ml Limettensaft
30 g Garnelenpaste (*Shrimp paste*)
60 g Zucker

- Jede Garnele sorgfältig aus ihrem Panzer lösen und in der Rückenmitte einschneiden, um Unreinheiten entfernen zu können. Die Garnelen waschen und 3 Minuten in einen Topf mit kochendem Wasser geben. Mit kaltem Wasser abschrecken. Abtropfen lassen und beiseitestellen.
- Die Ananas halbieren und schälen. Die „Augen“ entfernen. Das Fruchtfleisch waschen, abtropfen lassen und in Würfel schneiden. In den Kühlschrank stellen.
- Die Zwiebel und die Schalotten schälen und mit einem kleinen, spitzen Messer in dünne Ringe schneiden. Die Basilikumblätter und den Bataviasalat grob zerkleinern.
- Die Nuoc-Mam-Sauce, den Limettensaft und die Garnelenpaste in einer Schüssel mit dem Zucker verrühren.
- Die Sauce in eine Salatschüssel geben. Die gekochten Garnelen, die Zwiebel- und Schalottenringe, die Basilikumblätter, den Bataviasalat und die geriebenen Karotten hinzufügen. Alles gut vermengen.
- Den Salat auf tiefe Teller verteilen und servieren.

FÜR 4 Personen
ZUBEREITUNGSZEIT 30 Minuten
GARZEIT 3 Minuten

MANGOSALAT

Nhom Svaï

2 grüne Mangos aus Thailand oder Vietnam (jeweils etwa 800 g)
40 g kleine getrocknete Hé-bi-Garnelen
8 frische große Sägegarnelen (Größe 21–25)

Für die Sauce
1 Chilischote
2 Knoblauchzehen
50 ml Nuoc Mam
20 ml Weißweinessig
50 g Zucker
Saft von 1 Limette
40 ml kaltes Wasser

Zur Garnierung
30 g Rao-ram-Minzeblätter
30 g Thai-Basilikumblätter

In Vietnam bereitet jeder diesen Salat auf seine Weise zu. Unsere Mutter machte ihn immer mit Lachsrogen als Dekoration. Eine Garnierung, die angenehm auf der Zunge zergeht …

- Die Mangos schälen, in kaltem Wasser waschen und mit einem sauberen Tuch trocken tupfen. Das Fruchtfleisch grob reiben. Kühl stellen. Die getrockneten Hé-bi-Garnelen in den Mixer geben und gut zerkleinern. Beiseitestellen.

- Jede Sägegarnele sorgfältig aus ihrem Panzer lösen und in der Rückenmitte einschneiden, um Unreinheiten entfernen zu können. Die Garnelen waschen und 3 Minuten in einen Topf mit kochendem Wasser geben. Mit kaltem Wasser abschrecken. Abtropfen lassen und beiseitestellen.

- Für die Sauce die Chilischote längs halbieren, entkernen und klein hacken. Die Knoblauchzehen schälen und in kleine Stücke schneiden. Nuoc-Mam-Sauce, Weißweinessig, Zucker, Limettensaft und Wasser in einer großen Schüssel verrühren. Die gehackte Chili und den Knoblauch hinzufügen und alles gut mischen. Die Sauce beiseitestellen. Die Minze- und Basilikumblätter waschen, abtropfen lassen und mit einem sauberen Tuch trocken tupfen. Klein hacken und in separaten Schälchen beiseitestellen.

- 1 Esslöffel Sauce in eine Schüssel geben. In einer anderen Schüssel die geriebenen Mangos, die Minzeblätter und die zerkleinerten Trockengarnelen sorgfältig mit der übrigen Sauce verrühren. Die Limette mit einem scharfen Messer in dünne Scheiben schneiden.

- Den Salat auf flachen Tellern anrichten. Mit den Basilikumblättern garnieren. Die gekochten Garnelen in die Schüssel mit dem Esslöffel Sauce geben und auf dem Mangosalat verteilen.

FÜR 4 Personen
ZUBEREITUNGSZEIT 30 Minuten
RUHEZEIT 30 Minuten
GARZEIT 15 Minuten

KRAUTSALAT MIT HÜHNERFLEISCH

Goi gâ

Dieser Salat wird auch an kleinen Imbissständen in den Straßen angeboten – echtes Street Food eben!

6 Hähnchenkeulen oder 300 g Hähnchenfilet
2 Köpfe Weißkohl
4 Karotten
40 g Salz
160 g vietnamesische Rau-mant-Minze
160 g Rao-ram-Minze
30 g geröstete Erdnüsse

Für die Sauce
2 Chilischoten
4 Knoblauchzehen
70 ml Nuoc Mam
70 ml Weißweinessig (6%)
50 ml kaltes Wasser
80 g Zucker

- Die Hähnchenkeulen oder -filets abspülen. 15 Minuten in einen Topf mit kochendem Wasser geben. Abtropfen lassen. Mit einem kleinen, scharfen Messer in dünne Scheiben schneiden und beiseitestellen.

- Den Kohl waschen und raspeln. Die Kohlraspel in einer großen Schüssel mit kaltem Wasser und 15 g Salz 30 Minuten lang einweichen. Gut mit kaltem Wasser abspülen. In einem Sieb abtropfen lassen, dann in den Kühlschrank stellen.

- Die Karotten schälen und reiben. Die geriebenen Karotten in einer großen Schüssel mit kaltem Wasser und 15 g Salz 30 Minuten lang einweichen. Gut mit kaltem Wasser abspülen. In einem Sieb abtropfen lassen, dann mit einem sauberen Tuch trocken tupfen. In den Kühlschrank stellen.

- Für die Sauce die Chilischoten waschen, längs halbieren, entkernen und mit einem kleinen, spitzen Messer klein hacken. Die Knoblauchzehen schälen und in kleine Stücke schneiden. Nuoc-Mam-Sauce, Essig, Wasser und Zucker in eine große Schüssel geben, mit einem Schneebesen verrühren. Die Chili- und die Knoblauchstückchen hinzufügen.

- Die Sauce in eine Schüssel geben. Die Rau-mant-Blätter, die fein gehackten Rao-ram-Blätter, den geraspelten Kohl und die geriebenen Karotten hinzufügen. Alles sorgfältig vermengen. Den Salat in tiefen Tellern anrichten. Das Hähnchenfleisch darüber verteilen. Zum Schluss mit den grob zerstoßenen Erdnüssen bestreuen.

FÜR 4 Personen
ZUBEREITUNGSZEIT 45 Minuten
GARZEIT 2 Stunden

TAMARINDENSUPPE MIT GARNELEN

Somlor Matchou

Diese Suppe ist in Kambodscha und Vietnam sehr beliebt, denn bei 35 °C im Schatten ist ihr süßsaurer Geschmack sehr erfrischend. Außerdem regt sie den Appetit an!

450 g frische Garnelen
1 frische Ananas
2 Tomaten
1 Zwiebel
2 Knoblauchzehen
100 ml Sonnenblumenöl
50 g Rau Ngor om
50 g langer Koriander (Ngor gai)
50 g Schnittlauch
200 g Sojasprossen

Für die Bouillon
2 Hähnchen-Karkassen
1 Zwiebel
2 Schalotten
1 Karotte
200 g Tamarindenpaste
100 ml Nuoc Mam
30 g Zucker
4 g Salz

- Für die Bouillon die Hähnchen-Karkassen in große Stücke schneiden und für 6 Minuten in einen Topf mit kochendem Wasser geben. Mit einem Schaumlöffel herausnehmen und abtropfen lassen. Mit kaltem Wasser abspülen und beiseitestellen.

- Die Zwiebel und die Schalotten ungeschält in einer Pfanne bei starker Hitze von allen Seiten 3–5 Minuten andünsten. Hähnchenteile, Zwiebel, Schalotten und die geschälte Karotte in einen Topf mit 2 Litern kochendem Wasser geben. Auf kleiner Flamme 1 ½ Stunden köcheln lassen, bis die Bouillon auf die Hälfte reduziert ist. Durch ein spitzes Sieb gießen, um eine klare Brühe zu erhalten. Beiseitestellen.

- Die Tamarindenpaste in einen Topf mit 1 Liter Wasser geben und auf mittlerer Hitze aufkochen. Nach 30 Minuten sollte die Flüssigkeit um ein Drittel reduziert sein. Durch ein spitzes Sieb geben, dabei die Tamarindenpaste gut pressen, allen Sud sammeln. Den Tamarindensud in die Hühnerbrühe geben und mit der Nuoc-Mam-Sauce, dem Zucker und dem Salz abschmecken. Nach dieser Prozedur ist die Bouillon von Unreinheiten befreit und kann 2–3 Tage im Kühlschrank aufbewahrt werden.

- Jede Garnele sorgfältig aus ihrem Panzer lösen und in der Rückenmitte einschneiden, um Unreinheiten entfernen zu können. Mit kaltem Wasser abspülen, abtropfen lassen. Die Ananas schälen und abspülen, die Augen entfernen, das Fruchtfleisch in Würfel schneiden. Die Tomaten waschen, entstielen und würfeln. Die Zwiebel schälen und in dünne Ringe schneiden. Das Ganze in den Kühlschrank stellen.

- Die Knoblauchzehen schälen und in kleine Stücke schneiden. Das Sonnenblumenöl in einen Topf geben und den Knoblauch darin andünsten. Beiseitestellen. Die Kräuter waschen und fein hacken.

- Unmittelbar vor dem Servieren 1 Liter Bouillon in einen Topf geben. Die Ananasstücke, die Zwiebelringe und die Tomatenwürfel hinzufügen. 5 Minuten kochen lassen, danach die Sojasprossen und die Garnelen hineingeben. Weitere 2 Minuten kochen lassen, dabei auf den süßsauren Geschmack achten und, wenn nötig, noch ein wenig Zucker und Nuoc Mam einrühren. Die Suppe in Suppentassen geben, pro Tasse mit ½ Teelöffel geschmortem Knoblauch und je einer Prise von jeder Kräuterart bestreuen.

FÜR 4 Personen
ZUBEREITUNGSZEIT 1 Stunde
EINWEICHZEIT 1 Stunde
GARZEIT 2 Stunden

FISCHSUPPE MIT ZITRONENGRAS

Noum Protchok Khmer

> *Bei Ihnen ist eine Erkältung im Anzug oder Sie hatten einen anstrengenden Tag? Kein Problem – mit einer heißen Noum-Protchok-Khmer-Suppe sind Sie schnell wieder in Form!*

300 g dünne Reisnudeln (Bùn)
1 Kopf Bataviasalat
½ Gurke
½ Bund vietnamesische Rau-mant-Minze
100 g Sojasprossen

Für die Kabeljaupaste mit Zitronengras
400 g Kabeljaufilet
3 g Salz
1 kleine Chilischote
1 Knoblauchzehe
40 g Schalotten
15 g Thai-Ingwer
40 g Zitronengras
Schale von ⅙ Kaffirlimette
60 g Schnittlauch
10 g frische Kurkuma
75 ml Nuoc Mam
7 g Zucker

Für die Bouillon
2 Hähnchen-Karkassen
1 Zwiebel
2 Schalotten
1 Karotte

- Für die Bouillon die Hähnchen-Karkassen in große Stücke schneiden und für 6 Minuten in einen Topf mit kochendem Wasser geben. Abtropfen lassen und abspülen, danach beiseitestellen.

- Die Zwiebel und die Schalotten ungeschält in einer Pfanne bei starker Hitze von allen Seiten 3– Minuten andünsten. Beiseitestellen. Die Hähnchenteile, die Zwiebel, die Schalotten und die geschälte Karotte in einen Topf mit kochendem Wasser geben. Auf kleiner Flamme 1 ½ Stunden köcheln lassen, bis die Bouillon auf die Hälfte reduziert ist. Durch ein spitzes Sieb gießen und beiseitestellen. Die Reisnudeln in eine große Schüssel geben und 1 Stunde in lauwarmem Wasser einweichen.

- Für die Kabeljaupaste die Kabeljaufilets mit kaltem Wasser abspülen und entgräten. Die Filets für 10 Minuten in einen Topf mit kochendem Salzwasser geben. Mit einem Schaumlöffel herausnehmen, abtropfen lassen und grob zerzupfen. Die Chilischote mit einem spitzen Messer grob hacken. Die Knoblauchzehe und die Schalotten schälen und in größere Stücke schneiden. Den Thai-Ingwer und das Zitronengras in kleine Ringe schneiden. Die Limettenschale in kleine Stücke schneiden und den Schnittlauch grob hacken. Chili, Knoblauch, Schalotten, Thai-Ingwer, Zitronengras, Kurkuma und Limettenschale in einen Mixer geben und zu einer Paste pürieren. Diese in einer großen Schüssel mit den Kabeljaustücken verrühren, dabei nach und nach das Salz, die Nuoc-Mam-Sauce und den Zucker hinzufügen. In den Kühlschrank stellen.

- Die eingeweichten Reisnudeln für 5 Minuten in einen Topf mit kochendem Wasser geben. Abtropfen lassen. 5–6 Blätter Salat klein schneiden. Die Gurke schälen und in Scheiben schneiden. Einige Blätter Rau-mant-Minze in kleine Stücke schneiden. Die Sojasprossen grob zerkleinern. Den Salat, die Gurkenscheiben, die Minzeblätter und die Sojasprossen auf Schälchen verteilen, die gekochten Reisnudeln hinzufügen.

- 1 Liter Bouillon in einen Topf geben und die Kabeljaupaste hinzufügen. Unter ständigem Rühren zum Kochen bringen. Auf kleiner Flamme weitere 2 Minuten köcheln lassen. Mit ein wenig Nuoc Mam, Salz und Zucker abschmecken. Die fertige Bouillon in die Schüsseln geben.

FÜR 4 Personen
ZUBEREITUNGSZEIT 1 Stunde
EINWEICHZEIT 1 Stunde
GARZEIT 4 Stunden 45 Minuten

RINDFLEISCHSUPPE

Phô

> *Diese Suppe kommt in Vietnam zu jeder Tageszeit auf den Tisch.*

600 g Reisnudeln
500 g Rindfleisch (Stücke für Fondue)
1 Zwiebel
200 g langer Koriander (Ngor gai)
200 g Thai-Basilikum
200 g Schnittlauch
2 Limetten
1 Chilischote
60 ml Nuoc Mam
15 g Zucker
2 Prisen Salz

Für die Bouillon
500 g Querrippe vom Rind
4 Rindermarkknochen
2 Zwiebeln
1 Schalotte
2 Zimtstangen
2 Muskatnüsse
50 g Koriandersamen
4 Sternanis
1 Bund Schnittlauch
1 Bund Koriander

- Für die Bouillon die Querrippe und die Rindermarkknochen für 6 Minuten in einen großen Topf mit kochendem Wasser geben. Herausnehmen, abtropfen lassen, mit kaltem Wasser abspülen und beiseitestellen. Die Zwiebeln und die Schalotte ungeschält in einer Pfanne von allen Seiten 3–5 Minuten bei starker Hitze anbraten. Beiseitelegen.

- Zimtstangen, Muskatnüsse, Koriandersamen und Anis mit einem Messer grob zerkleinern. Die entstandenen Bröckchen auf ein dünnes Stück Gaze legen, dieses zu einem Beutel verschließen. Querrippe, Rindermarkknochen, Zwiebeln, Schalotte und den Beutel mit den Gewürzen in einen großen Topf mit kochendem Wasser legen und auf kleiner Flamme köcheln lassen.

- Nach 2 Stunden den zuvor gewaschenen Schnittlauch und den Koriander zur Brühe hinzufügen. Weitere 2 Stunden auf kleiner Flamme einkochen lassen. Wenn nur noch 1 l klare Brühe vorhanden ist, den Topf von der Platte nehmen.

- Die Reisnudeln 1 Stunde in einer Schüssel mit lauwarmem Wasser einweichen. Das Rindfleisch in Streifen schneiden und kühl stellen. Die Zwiebel schälen und in kleine Stücke schneiden. Den langen Koriander, das Thai-Basilikum und den Schnittlauch waschen und klein hacken. Die Limetten in Viertel oder Sechstel schneiden. Die Chilischote in dünne Ringe schneiden. Alles in den Kühlschrank stellen.

- Die Reisnudeln abtropfen lassen und für 5 Minuten in einen Topf mit kochendem Wasser geben. In einem spitzen Sieb sorgfältig abtropfen lassen. Auf Schälchen verteilen und mit Rindfleischstreifen, Zwiebelringen, langem Koriander, Schnittlauch, Thai-Basilikum und einer Prise Chili belegen.

- 400 ml Bouillon erhitzen und mit Nuoc Mam, Zucker und Salz abschmecken. Die Bouillon in die Schälchen gießen und zusammen mit den Limettenstücken sofort servieren.

FÜR 4 Personen
ZUBEREITUNGSZEIT 1 Stunde
EINWEICHZEIT 20 Minuten
GARZEIT 2 Stunden

FISCHSUPPE MIT CURRY

Bun keng

> *Die Bun-keng-Suppe ist ebenfalls aus dem Street Food hervorgegangen.*

300 g Reisnudeln (Bùn)
400 g Kabeljaufilet
5 g Currypulver
6 g Kapi (Garnelenpaste in Salzlake)
15 g Salz
15 ml Nuoc Mam
7 g Zucker
1 Kopf Bataviasalat
½ Gurke
½ Bund Minze
100 g Sojasprossen
200 ml Kokosmilch

Für die Bouillon
2 Hähnchen-Karkassen
1 Zwiebel
1 Schalotte
1 Karotte

Für die Zitronengraspaste
60 g Zitronengras
15 g Thai-Ingwer
10 g frische Kurkuma
40 g Schalotten
1 kleine Chilischote
1 Knoblauchzehe
Schale von ¼ Kaffirlimette

- Für die Bouillon die Hähnchen-Karkassen in große Stücke schneiden und für 6 Minuten in kochendes Wasser geben. Abtropfen lassen, mit kaltem Wasser abspülen und beiseitestellen. Die Zwiebel und die Schalotte ungeschält in einer Pfanne bei starker Hitze von allen Seiten 3–5 Minuten andünsten.

- Die Hähnchenteile, die Zwiebel und die Schalotte in einen Topf mit kochendem Wasser geben. Die geschälte Karotte hinzufügen. 1 ½ Stunden auf kleiner Flamme kochen lassen, bis die Flüssigkeit um die Hälfte reduziert ist. Durch ein spitzes Sieb gießen und beiseitestellen.

- Die Reisnudeln 20 Minuten in einer Schüssel mit lauwarmem Wasser einweichen. Die Kabeljaufilets abspülen und entgräten. Für 10 Minuten in einen Topf mit kochendem Salzwasser geben. Abtropfen lassen und grob zerkleinern.

- Für die Zitronengraspaste alle Zutaten klein schneiden, in den Mixer geben und zu einer Paste pürieren. Diese in einer Aluminiumschüssel mit dem Curry, der Kapi-Paste und den Kabeljaustücken möglichst gleichmäßig vermengen. Dabei nach und nach das Salz, die Nuoc-Mam-Sauce und den Zucker hinzufügen. In den Kühlschrank stellen.

- Die Reisnudeln für 5 Minuten in einen Topf mit kochendem Wasser geben. Abtropfen lassen. Den Bataviasalat waschen. 5–6 Salatblätter in Streifen schneiden. Die Gurke schälen und in dünne Scheiben schneiden. Einige Minzeblätter in kleine Stücke schneiden. Die Sojasprossen grob zerkleinern. Alles auf Schälchen verteilen und die gekochten Reisnudeln hinzufügen.

- 1 ½ l Bouillon in einen Topf geben. Die Kabeljaupaste und die Kokosmilch hinzufügen. Unter Rühren zum Kochen bringen. Auf kleiner Flamme 2 Minuten weiterköcheln lassen, dabei mit Nuoc Mam, Salz und Zucker abschmecken. Die Bouillon in die Schälchen mit den übrigen Zutaten gießen.

FÜR 4 Personen
ZUBEREITUNGSZEIT 1 Stunde
EINWEICHZEIT 20 Minuten
GARZEIT 2 Stunden

SUPPE MIT GEHACKTEM SCHWEINEFLEISCH UND GARNELEN

Cu tiev Phnom penh

Ähnlich wie Phô kann man auch diese Suppe zu jeder Tageszeit essen. Ein sehr schmackhaftes Street-Food-Rezept!

400 g Reisnudeln
250 g Gehacktes vom Schwein
300 g Garnelen, ausgelöst
200 g Sojabohnen
½ Bund chinesische Petersilie
1 Chilischote
2 Knoblauchzehen
1 EL Sonnenblumenöl
60 ml Nuoc Mam
8 g Zucker
1 Prise Salz

Für die Bouillon
2 Hähnchen-Karkassen
½ Zwiebel
1 Karotte
½ Navet-Rübe (lang)

- Für die Bouillon die Hähnchen-Karkassen in große Stücke schneiden und für 6 Minuten in einen Topf mit kochendem Wasser geben. Mit einem Schaumlöffel herausnehmen und abtropfen lassen. Mit kaltem Wasser abspülen und beiseitestellen. Die Zwiebel ungeschält in einer Pfanne bei starker Hitze von allen Seiten 3–5 Minuten andünsten. Die Karotte und die Rübe schälen und mit einem kleinen, spitzen Messer in große Würfel schneiden. Abspülen.

- Die Hähnchenteile, die Zwiebel sowie die Karotten- und Rübenwürfel in einen Topf mit kochendem Wasser geben und auf kleiner Flamme köcheln lassen. Nach etwa 1 Stunde ist die Bouillon auf die Hälfte reduziert. Durch ein spitzes Sieb geben, um eine klare Brühe zu erhalten. Beiseitestellen.

- Die Reisnudeln maximal 20 Minuten in einer Schüssel mit lauwarmem Wasser einweichen. Das Hackfleisch und die Garnelen abspülen und 5 Minuten in einem Topf mit kochendem Wasser erhitzen. In einem spitzen Sieb abtropfen lassen, dann beiseitestellen. Sojabohnen und Petersilie abspülen. In ein Sieb geben und abtropfen lassen. Die Chilischote in dünne Ringe schneiden. Die Knoblauchzehen schälen und mit einem kleinen, spitzen Messer in kleine Stücke schneiden. Den Knoblauch in einer Pfanne in dem Sonnenblumenöl unter ständigem Rühren andünsten. Vom Herd nehmen.

- Die eingeweichten Reisnudeln 5 Minuten in einem Topf mit kochendem Wasser erhitzen. In ein spitzes Sieb geben und abtropfen lassen. Danach die Nudeln auf Schälchen verteilen; Hackfleisch, Garnelen, Soja, chinesische Petersilie, Knoblauch und einige Stückchen Chili daraufgeben.

- Die Bouillon erhitzen und mit Nuoc Mam, Zucker und Salz abschmecken. In die Schälchen mit den übrigen Zutaten gießen und sofort servieren.

FÜR 4 Personen (20 Stück)
ZUBEREITUNGSZEIT 1 Stunde
EINWEICHZEIT 20 Minuten
RUHEZEIT 2 Stunden
GARZEIT 40 Minuten

KLEINE EIERROLLEN

Nem Cha Gio

2 Päckchen in Viertel vorgeschnittene Reis-Teigblätter
2 Eier, verquirlt
einige Blätter Bataviasalat
einige Blätter Rau-mant-Minze
Öl zum Frittieren

Für die Füllung
20 g Glasnudeln (Trockengewicht)
140 g Sojasprossen
60 g Krebsfleisch
60 g Karotte
140 g Zwiebel
200 g Gehacktes vom Schwein
20 g Zucker
300 ml verfeinerte Nuoc-Mam-Sauce (Rezept auf S. 26)
5 g Salz
4 Prisen Pfeffer

Für eine köstliche Eierrollen-Variante ersetzen Sie die Füllung aus Schweinefleisch durch eine Farce aus Hühnerfleisch oder Garnelen. Eierrollen halten sich 1–2 Tage im Kühlschrank. Wickeln Sie sie einfach in ein sauberes Geschirrtuch und legen Sie sie in eine luftdicht verschließbare Dose.

- Für die Füllung die Glasnudeln in eine Schüssel mit lauwarmem Wasser geben und 20 Minuten einweichen. Abtropfen lassen, mit einem sauberen Tuch trocken tupfen und – wie auch die Sojasprossen – in 2,5 cm lange Stücke schneiden. Das Krebsfleisch klein schneiden. Die Karotte fein raspeln. Die Zwiebel schälen und würfeln.

- Alle diese Zutaten in einer großen Schüssel gründlich mit dem Hackfleisch vermengen. Zucker, Nuoc-Mam-Sauce, Salz und Pfeffer hinzufügen. Erneut vermengen und beiseitestellen.

- Für den Teig 5 trockene Reis-Teigblätter so auf ein sauberes Tuch legen, dass sie sich nicht berühren. 5 weitere Blätter kurz in einen tiefen Teller mit lauwarmem Wasser tauchen. Jedes der trockenen Blätter mit einem feuchten bedecken, letztere dabei jeweils um 1,5 cm verschieben. So lange wiederholen, bis die gewünschte Anzahl an Eierrollen pro Gast erreicht ist. Die Teigblätter mit einem sauberen Tuch abdecken.

- Für die Eierrollen das Tuch vorsichtig entfernen. In die Mittel eines jeden Doppelblattes 1 Esslöffel der Füllung geben. Die Teigränder mit etwas Ei bestreichen. Die Enden der beiden Teigblätter über der Füllung zusammenkleben und das Ganze sorgfältig einrollen. Das Frittieröl 10 Minuten auf 100 °C erhitzen. Die Rollen 10 Minuten frittieren (portionsweise, damit sie nicht zusammenklumpen). Mit einem Schaumlöffel herausnehmen, abtropfen und 2 Stunden abkühlen lassen.

- Kurz vor dem Servieren das Frittieröl nochmals 10 Minuten auf 160 °C erhitzen. Die Frühlingsrollen in das Öl geben und 10–12 Minuten goldbraun ausbacken. Die noch heißen Rollen mit den Salat- und den Minzeblättern sowie der Nuoc-Mam-Sauce servieren.

FRÜHLINGSROLLEN MIT GARNELEN

Goi Cuon

> *Diese Vorspeise lässt sich leicht herstellen – für ein Essen „auf die Schnelle“ ebenso wie für einen großen Empfang.*

FÜR 4 Personen (12 Stück)
ZUBEREITUNGSZEIT 20 Minuten
EINWEICHZEIT 1 Stunde
GARZEIT 15 Minuten

- 24 frische große Sägegarnelen (Größe 21–25)
- 600 g Reisnudeln (Bùn)
- 12 Reis-Teigblätter (Durchmesser etwa 28 cm)
- 12 Blätter Bataviasalat
- 100 g Sojasprossen, kurz angebraten
- 1 Bund vietnamesische Rau-mant-Minze
- 300 ml verfeinerte Nuoc-Mam-Sauce (Rezept auf S. 26)

- Die Garnelen für 15 Minuten in einen Topf mit kochendem Wasser geben. Mit einem Schaumlöffel herausnehmen, abtropfen lassen und schälen, sobald sie abgekühlt sind.
- Die Reisnudeln in einer Schüssel mit lauwarmem Wasser 1 Stunde lang einweichen. In ein Sieb geben, abtropfen lassen und für 5 Minuten in einen Topf mit kochendem Wasser geben. Abtropfen und auf Zimmertemperatur abkühlen lassen.
- Die Teigblätter vorbereiten: Jedes Blatt kurz in einen tiefen Teller mit lauwarmem Wasser tauchen. Die Teigblätter auf ein sauberes Tuch legen, dabei genug Abstand zwischen den einzelnen Blättern halten. Mit einem zweiten Tuch abdecken, um überschüssige Feuchtigkeit aufzusaugen. 12 Blätter Bataviasalat waschen und trocken tupfen. Die Garnelen je nach Größe in jeweils 2–3 Stücke schneiden.
- In die Mitte eines jeden Teigblatts 1 Blatt Bataviasalat legen, mit je 1 Esslöffel gekochten Reisnudeln und angebratenen Sojasprossen, 3 Blättern Minze und 3–4 Garnelenstücken bedecken. Die beiden Enden eines jeden Teigblatts über der Füllung zusammenklappen und das Ganze sorgfältig einrollen. Die fertigen Frühlingsrollen mit Nuoc Mam servieren.

> *Reichen Sie zu den Frühlingsrollen einen trockenen Weißwein.*

PALLARES
SOLSONA
INOX

DIE ZUBEREITUNG EINER FRÜHLINGSROLLE

1 In die Mitte eines Reis-Teigblatts 1 Blatt Bataviasalat legen.

2 Das Salatblatt mit je 1 Esslöffel gekochten Reisnudeln und Sojasprossen belegen.

3 3–4 Garnelenstücke neben das Salatblatt legen.

4 3 Minzeblätter auf die Nudeln und die Sojasprossen legen.

5 Die beiden Enden des Teigblatts über der Füllung zusammenklappen.

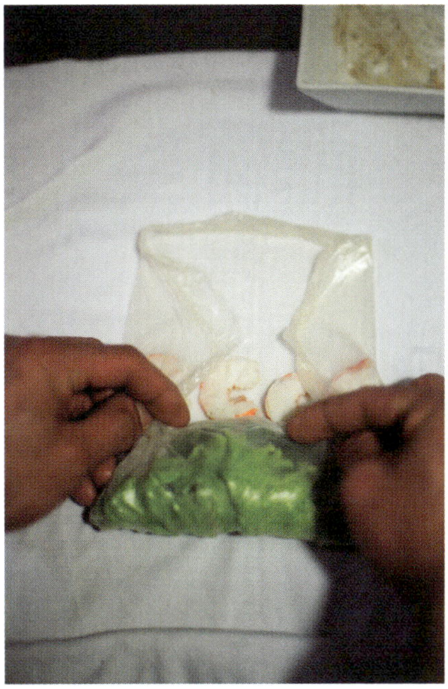

6 Das Ganze sorgfältig einrollen, dabei von dem belegten Salatblatt ausgehen und alles gut zusammendrücken.

FÜR 4 Personen (20 Stück)
ZUBEREITUNGSZEIT 30 Minuten
RUHEZEIT 1 Stunde
EINWEICHZEIT 45 Minuten
GARZEIT 45 Minuten

RAVIOLI MIT SCHWEINEFLEISCH

Raviolis Banh Cuon

70 g Schalotten
2 EL Sonnenblumenöl
1 Cha-Loua-Pastete oder -Wurst
100 g Sojasprossen
5–6 Blätter langer Koriander
300 ml verfeinerte Nuoc-Mam-Sauce (Rezept auf S. 26)

Für den Teig
50 g Kartoffelstärke
20 g Weizenmehl
85 g Maismehl
850 ml Wasser
70 ml Sonnenblumenöl

Für die Füllung
50 g getrocknete schwarze Champignons
120 g Zwiebel
350 g Gehacktes vom Schwein
5 g Salz
2 Prisen Pfeffer

Um dieses Gericht noch raffinierter zu machen, können Sie das Schweinefleisch durch gehacktes Kalbfleisch ersetzen. Der lange Koriander ist eine Kräuterart, die ursprünglich aus Mittel- und Südamerika stammt. Man findet sie aber auch in Asien, wo sie – fein gehackt – Ravioligerichte veredelt. Cha Loua ist eine vietnamesische Pastete aus Schweinefleisch. Sie ist in asiatischen Lebensmittelgeschäften erhältlich.

- Für den Teig die Kartoffelstärke, das Weizen- und das Maismehl unter ständigem Rühren mit ein wenig Wasser vermischen. Danach das Sonnenblumenöl einrühren. Das Ganze 1 Stunde bei Zimmertemperatur ruhen lassen.

- Die Schalotten schälen und mit einem kleinen, scharfen Messer in sehr kleine Stücke schneiden. In einem kleinen Topf im Sonnenblumenöl bei starker Hitze andünsten. Sobald sie kross sind, abtropfen und auf Küchenkrepp abkühlen lassen.

- Für die Füllung die schwarzen Champignons 45 Minuten in einer Schüssel mit lauwarmem Wasser einweichen. Abtropfen lassen und mit einem sauberen Tuch trocken tupfen. Mit einem Messer klein schneiden. Die Zwiebel schälen und würfeln. Das Hackfleisch im Wok anbraten. Nach der Hälfte der Garzeit (etwa 15 Minuten) die Zwiebelwürfel und die Champignons hinzufügen. Mit Salz und Pfeffer würzen. Das Ganze gut vermengen und 20 Minuten auf kleiner Flamme schmoren lassen.

- Für die Ravioli eine flache Pfanne (für Crêpes o.ä.) mit 22 cm Durchmesser auf kleiner Flamme erhitzen. Den Pfannenboden mithilfe von Pinsel oder Küchenkrepp mit Öl bestreichen. Eine ¾-Kelle Teig in die Pfanne geben. Den Pfannkuchen auf jeder Seite etwa 1 Minute braten. Auf einem Teller warm halten, der auf einem Topf mit köchelndem Wasser steht. Weitere Pfannkuchen backen, bis der Teig verbraucht ist. Den Teig vor jedem neuen Pfannkuchen immer wieder umrühren.

- Einen Pfannkuchen auf die saubere Arbeitsplatte legen und halbieren. Auf jede Hälfte 1 EL Füllung legen. Jede der beiden Hälften über der Füllung rechteckig zusammenfalten. Mit den übrigen Pfannkuchen ebenso verfahren.

- Die Sojasprossen für 2 Minuten in einen Topf mit kochendem Wasser geben. Danach die gekochten Sojasprossen, die Ravioli und die in Stücke geschnittene Schweinefleischpastete auf Teller verteilen. Mit den Schalottenstückchen und dem fein gehackten langen Koriander bestreuen. Mit einem Schälchen Nuoc Mam servieren.

FÜR 4 Personen
ZUBEREITUNGSZEIT 30 Minuten
RUHEZEIT 1 Stunde
GARZEIT 5 Minuten

RINDERSPIESSE MIT ZITRONENGRAS-PASTE

Sath Ko Ann

> *Diese kleinen Spieße sind eine Bereicherung für jeden Grillabend.*

800 g Rindfleisch (Stücke für Fondue)
70 ml Nuoc Mam
25 g Zucker
6 g Salz
25 ml Sonnenblumenöl

Für die Zitronengraspaste
80 g Schalotte
2 Knoblauchzehen
100 g Zitronengras
30 g Thai-Ingwer
15 g frische Kurkuma
80 g Schnittlauch
1 kleine Chilischote
Schale von ⅙ Kaffirlimette
6 g Salz

12 Holzspieße (16 oder 18 cm lang)

- Für die Zitronengraspaste die Schalotten und die Knoblauchzehen schälen, danach alle Zutaten klein schneiden. In den Mixer geben und zu einer Paste pürieren.
- Das Rindfleisch in feine Scheiben schneiden und gut mit der Zitronengraspaste vermengen. Nuoc-Mam-Sauce, Zucker, Salz und Öl einrühren. 1 Stunde marinieren lassen.
- Die Fleischscheiben auf die Spieße stecken und die Spieße auf den Grill legen. Mit Sriracha-Sauce servieren.

HAUPTG

ERICHTE

FÜR 4 Personen
ZUBEREITUNGSZEIT 45 Minuten
RUHEZEIT 30 Minuten
GARZEIT 1 Stunde 10

KABELJAUFILETS MIT ZITRONENGRAS-PASTE

Amok

> *Dieses traditionelle Gericht wird bei Familienfesten serviert. Sie können den Fisch dabei auch durch Hühnerfleisch ersetzen.*

½ Kohlkopf
½ Paprikaschote
600 g Kabeljaufilet
8 Bananenblätter
100 ml Kokosmilch
4–5 Kaffirlimettenblätter

Für die Zitronengraspaste
60 g Zitronengras
15 g Thai-Ingwer
10 g frische Kurkuma
40 g Schalotten
1 kleine Chilischote
1 Knoblauchzehe
Schale von ¼ Kaffirlimette

Für die rote Sauce
2 Schalotten
1 Knoblauchzehe
20 ml Sonnenblumenöl
5 g Paprikapulver edelsüß
1 Prise Salz

Für die Marinade
5 g Currypulver
60 ml Nuoc Mam
50 g Zucker
200 ml Kokosmilch
8 g Kapi (Garnelenpaste in Salzlake)
2 Eier

- Für die Zitronengraspaste alle Zutaten klein schneiden und im Mixer zu einer Paste pürieren. Beiseitestellen.

- Für die rote Sauce die Schalotten und den Knoblauch schälen und klein hacken. Das Öl in einem kleinen Topf erhitzen und die Schalotten- sowie die Knoblauchstücke hineingeben. Wenn das Öl heiß ist (nach ungefähr 3 Minuten), Paprikapulver und Salz einrühren. Gut verrühren, Topf von der Platte nehmen und abkühlen lassen.

- Den Strunk des Kohls entfernen; die Kohlblätter in Stücke schneiden. 10 Minuten andünsten. Abtropfen lassen und beiseitelegen. Die Paprikaschote waschen und trocken tupfen. Halbieren, Kerne und weiße Trennwände herausschneiden. Die Hälfte der Paprika in feine Streifen schneiden. Die Kabeljaufilets vierteln, entgräten und waschen.

- Die Zitronengraspaste in einer großen Schüssel mit der roten Sauce vermischen. Nach und nach die Marinade-Zutaten einrühren. Den Kabeljau hinzufügen. Das Ganze gut durchmengen und 30 Minuten ziehen lassen. Die Bananenblätter entrollen und zu 35–40 cm langen Blättern zurechtschneiden. Die Blätter in 5–6 cm breite Streifen schneiden. Für 3–4 Minuten in einen Topf mit kochendem Wasser legen, abtropfen lassen und mit einem sauberen Tuch trocken tupfen.

- Jeweils 1 Bananenblatt mit Kohl- und Kabeljaustücken belegen, 1 Esslöffel Marinade, 1 Esslöffel Kokosmilch, die Paprikastreifen und 1 Kaffirlimettenblatt hinzufügen. Das Bananenblatt über der Füllung zusammenfalten, sodass ein Wickel entsteht. Die beiden Enden des Bananenblatts vertikal mit einem kleinen Holzspieß zusammenstecken, um den Wickel zu fixieren. Mit allen Wickeln so verfahren. Die Amok-Wickel 20 Minuten dünsten und heiß servieren.

FÜR 4 Personen
ZUBEREITUNGSZEIT 30 Minuten
GARZEIT 10 Minuten

SAUTIERTE GARNELEN AUF VIETNAMESISCHE ART

Tom chaï

> *Dieses Gericht ist typisch vietnamesisch. Man serviert es spontan eingeladenen Gästen.*

500 g frische, große Sägegarnelen
2 Knoblauchzehen
50 g Köpfe vom Thai-Schnittlauch (Knoblauch-Schnittlauch)
40 g Schalotten
1 Chilischote
200 ml Sonnenblumenöl
120 g Speckwürfel
30 ml Sojasauce
50 ml Nuoc Mam
50 g Zucker
60 ml Hühnerbrühe

Für die Marinade
15 g Kartoffelstärke
1 Prise Pfeffer

- Jede Garnele sorgfältig aus ihrem Panzer lösen und in der Rückenmitte einschneiden, um Unreinheiten entfernen zu können. Die Garnelen mit kaltem Wasser abspülen und mit Küchenkrepp trocken tupfen. Die Kartoffelstärke und den Pfeffer in einer Schüssel vermischen. Die Garnelen hinzufügen, gut mit der Mischung umhüllen und marinieren.

- Den Knoblauch schälen und in kleine Stücke schneiden. Den Thai-Schnittlauch waschen, die Köpfe in dünne Scheiben schneiden. Die Schalotten schälen und mit einem kleinen, spitzen Messer in dünne Ringe schneiden. Die Chilischote in dünne Ringe schneiden.

- Das Öl in einem Wok erhitzen. Die Garnelen hinzufügen und 1 Minute anbraten. Mit einem Schaumlöffel herausnehmen, über dem Wok abtropfen lassen und auf einem Teller beiseitestellen.

- Den Wok mit dem Öl auf der Herdplatte stehen lassen. Die Speckwürfel hineingeben und 2–3 Minuten anbräunen. Den Knoblauch hinzufügen. Einige Minuten andünsten, dann den Thai-Schnittlauch, die Schalottenringe und die Chiliringe in den Wok geben. Das Ganze 1 Minute weiterschmoren. Nun die Garnelen hinzufügen und alles mit der Sojasauce, der Nuoc-Mam-Sauce und dem Zucker abschmecken. Noch einmal stark erhitzen. Leicht karamellisieren lassen und schnell mit der Hühnerbrühe ablöschen. Dabei den Bratensaft mit einem Spatel loskochen. Ein letztes Mal 1 Minute garen.

- Die Garnelen mit Natur- oder Klebreis servieren (Rezept auf S. 112).

FÜR 4 Personen
ZUBEREITUNGSZEIT 1 Stunde
EINWEICHZEIT 2 Stunden
RUHEZEIT 12 Stunden
GARZEIT 20 Minuten

SAUTIERTES SCHWEINEHACK-FLEISCH MIT ZITRONENGRASPASTE

Natin

> *Das würzige Schweinefleisch und die knusprigen Reisflocken schmecken einfach wunderbar!*

500 g Klebreis
500 ml Kokosmilch
2 Prisen Salz
600 g Gehacktes vom Schwein
80 ml Nuoc Mam
70 g Zucker
40 g Garnelenpaste mit Zitronengras (*Shrimp paste*)
½ rote Paprikaschote
1 Bund Koriander
Öl zum Frittieren

Für die Zitronengraspaste
60 g Zitronengras
60 g Thai-Ingwer
10 g frische Kurkuma
40 g Schalotten
1 kleine Chilischote
1 Knoblauchzehe
Schale von ¼ Kaffirlimette

Für die rote Sauce
2 Schalotten
1 Knoblauchzehe
20 ml Öl
5 g Paprikapulver edelsüß
1 Prise Salz

- Am Vorabend den Klebreis vorbereiten:Den Reis 2 Stunden in Wasser einweichen.
- 300 ml Kokosmilch in einen Topf geben und auf kleiner Flamme um die Hälfte reduzieren lassen. Salzen. Den Reis abtropfen lassen. In ein wenig Gaze einwickeln und 45 Minuten dünsten. Den fertigen Reis mit der Kokosmilch in eine Schüssel geben und gut durchmischen. Den Reis als dünne Schicht auf einem Stück Backpapier ausbreiten und bei Zimmertemperatur über Nacht trocknen lassen.
- Am nächsten Tag für die Zitronengraspaste alle Zutaten klein schneiden, in den Mixer geben und zu einer Paste pürieren.
- Für die rote Sauce die Schalotten und den Knoblauch schälen und klein hacken. Das Öl in einem kleinen Topf erhitzen, Schalotten und Knoblauch hineingeben. Sobald das Öl ganz heiß ist (nach ungefähr 3 Minuten), das Paprikapulver und das Salz hinzufügen. Das Ganze vermischen und von der Herdplatte nehmen.
- Das Hackfleisch bei starker Hitze in einem Wok anbraten. Sobald es halb durch ist, die Zitronengraspaste und die rote Sauce hinzufügen, danach mit Nuoc Mam, Zucker, Garnelenpaste und 200 ml Kokosmilch abschmecken. 15 Minuten unter ständigem Rühren auf kleiner Flamme köcheln lassen. Beiseitestellen.
- Den Koriander waschen und trocken tupfen. Die Paprika waschen, abtrocknen und halbieren. Die Kerne und die Trennwände entfernen. Die Paprika in feine Streifen schneiden.
- Das Öl in einer Fritteuse oder einem großen Topf 15 Minuten auf 180 °C erhitzen. Die Reisplatte in große Stücke brechen, diese von jeder Seite 1 Minute frittieren. Mit einem Schaumlöffel herausnehmen, abtropfen lassen und auf Küchenkrepp abkühlen lassen.
- Das Natin in einer Schale servieren. Dazu die Reisflocken, den Koriander und die Paprikastreifen reichen.

FÜR 4 Personen
ZUBEREITUNGSZEIT 1 Stunde
RUHEZEIT 2 Stunden
GARZEIT 20 Minuten

KARAMELLISIERTE SCHWEINE-FLEISCHSPIESSE AUF VIETNAMESISCHE ART

Bun cha

Dieses Gericht stammt aus Südvietnam. Servieren Sie es mit einem kühlen Rosé aus der Provence.

600 g Vorderrippe vom Schwein
300 g Reisnudeln (Bùn)
1 Kopf Bataviasalat
1 Bund vietnamesische Rau-mant-Minze
200 g Sojasprossen
½ Gurke
30 g Schnittlauch
40 ml Sonnenblumenöl
1 Prise Salz
30 g geröstete Erdnüsse
400 ml verfeinerte Nuoc-Mam-Sauce (Rezept auf S. 26)

Für die Marinade
5 Schalotten
2 Knoblauchzehen
30 ml Sonnenblumenöl
6 g Fünf-Gewürze-Mischung
40 ml Nuoc Mam
8 ml Sojasauce mit Champignons
15 ml Honig
30 g Zucker
6 g Pfeffer

12 Holzspieße

- Das Stück Vorderrippe in dünne rechteckige Stücke schneiden. Die Reisnudeln in einer Schüssel mit lauwarmem Wasser 1 Stunde lang einweichen.

- Für die Marinade die Schalotten und die Knoblauchzehen schälen und im Behälter des Mixers grob zerkleinern. Danach zu einer Paste pürieren. Diese in einer großen Schüssel mit den Fleischstücken vermengen. Öl, Fünf-Gewürze-Mischung, Nuoc-Mam-Sauce, Sojasauce, Honig, Zucker und Pfeffer hinzufügen. Das Ganze gut durchkneten und 1 Stunde ziehen lassen.

- Die Reisnudeln für 3 Minuten in einen Topf mit kochendem Wasser geben. In ein spitzes Sieb geben und abtropfen lassen.

- Den Bataviasalat, die Minzeblätter und die Sojasprossen waschen. Abtropfen lassen und mit Küchenkrepp trocken tupfen. Die Gurke schälen und in dünne Scheiben schneiden. Den Schnittlauch fein hacken und in einem kleinen Topf im Sonnenblumenöl 3 Minuten anschmoren. 1 Prise Salz hinzufügen, alles beiseitestellen. Die Erdnüsse im Mixer zerkleinern.

- Die marinierten Fleischstücke auf die Bratspieße stecken und diese auf einen Grill legen.

- Salatblätter, Minze, Sojasprossen, Gurkenscheiben und gekochte Reisnudeln auf Serviertellern anrichten und die fertigen Spieße obenauf legen. Das Fleisch mit dem Schnittlauchöl bestreichen und mit den zerkleinerten Erdnüssen bestreuen.

FÜR 4 Personen
ZUBEREITUNGSZEIT 30 Minuten
RUHEZEIT 45 Minuten
GARZEIT 20 Minuten

SEEBARSCH MIT THAI-INGWER UND ZITRONENGRAS

Trei Ang

> *In Kambodscha essen wir viel Fisch. Der artenreiche Mekong liefert uns Süßwasserfische in großer Menge.*

4 ganze Seebarsche
400 g Zitronengras
400 g Thai-Ingwer
1 Prise Salz
1 Prise Pfeffer
100 ml Sonnenblumenöl
40 g Weizenmehl
2 Limetten

Für die Sauce
6 Knoblauchzehen
1 Chilischote
70 g Zucker
120 ml verfeinerte Nuoc-Mam-Sauce (Rezept auf S. 26)
100 ml Limettensaft

- Die Fische schuppen, ausnehmen und waschen. Mit Küchenkrepp abtrocknen. Die Zitronengrasstängel und die Thai-Ingwerwurzeln in jeweils 4 Stücke schneiden. Die einzelnen Stücke mit der stumpfen Seite des Messers je 2–3 Mal andrücken.
- Die Seiten und das Innere der Fische leicht salzen und pfeffern. Je 2 Stücke Zitronengras und 2 Stücke Thai-Ingwer ins Innere der Fische geben. Die Fische bei Zimmertemperatur 45 Minuten ruhen lassen.
- Für die Sauce den Knoblauch schälen und klein schneiden. Die Chilischote mit einem kleinen, spitzen Messer in feine Ringe schneiden. Knoblauch und Chili 3–4 Minuten in einem Mörser zerstoßen. Weitere 4–5 Minuten fortfahren, dabei nach und nach den Zucker, die Nuoc-Mam-Sauce und den Limettensaft hinzufügen. Die Sauce gut verrühren – sie darf ruhig etwas zähflüssig sein. Beiseitestellen.
- Das Sonnenblumenöl in einer großen Pfanne auf mittlere Hitze erwärmen. Die Fische auf einem Teller in Mehl wälzen, überschüssiges Mehl abklopfen. Die Fische dann von jeder Seite 3–4 Minuten bei mittlerer Hitze braten.
- Je einen gebratenen Seebarsch und ein Stück Limette auf einen Teller legen. Dazu ein Schälchen mit Sauce reichen.

> *Passen Sie beim Braten gut auf: Damit der Fisch zart bleibt, darf er nicht zu lange in der Pfanne liegen.*

DORADENFILETS MIT INGWER UND SCHWARZEN BOHNEN

Ca Hap Tuong

> *Gedünsteter Fisch ist in Indochina sehr beliebt bei Mahlzeiten mit Freunden, und er ist auch bei Hochzeitsbanketten immer Teil des Menüs.*

FÜR 4 Personen
ZUBEREITUNGSZEIT 30 Minuten
EINWEICHZEIT 1 Stunde
GARZEIT 20 Minuten

4 Doraden
60 g getrocknete schwarze Champignons
50 g Glasnudeln
40 g frischer Ingwer
30 g Köpfe vom Thai-Schnittlauch (Knoblauch-Schnittlauch)
1 Chilischote
2 Schalotten
40 ml Sonnenblumenöl
30 g schwarze Bohnen
100 ml Sesamöl
30 ml Nuoc Mam
20 ml Austernsauce
30 g Zucker

- Die Doraden schuppen und entgräten. Mit kaltem Wasser abspülen, mit Küchenkrepp trocken tupfen.
- Die schwarzen Champignons 30 Minuten in einer Schüssel mit lauwarmem Wasser einweichen. Mit kaltem Wasser abspülen und abtropfen lassen. Die harten Stellen an den Köpfen entfernen, den Rest grob hacken. Die Glasnudeln 30 Minuten in einer Schüssel mit lauwarmem Wasser einweichen. Mit kaltem Wasser abspülen und abtropfen lassen.
- Den Ingwer schälen und in feine Stücke schneiden. Die Köpfe des Thai-Schnittlauchs in dünne Scheiben schneiden. Die Chilischote längs halbieren, entkernen (damit das Gericht weniger scharf ausfällt) und hacken. Die Schalotten schälen und in feine Stücke schneiden.
- Einen Teller mit Sonnenblumenöl bestreichen. Die 4 Doradenfilets mit der Hautseite auf den Teller legen und 5 Minuten über einem Topf mit kochendem Wasser dünsten.
- Für die Sauce das Sonnenblumenöl in einem Wok auf mittlere Hitze erwärmen. Schnittlauchköpfe, Schalottenstückchen, gehackte Chili, Ingwerstücke und schwarze Bohnen hineingeben. Alles ein wenig anschmoren. Die schwarzen Champignons und die Glasnudeln hinzufügen. Mit Sesamöl, Nuoc-Mam-Sauce, Austernsauce und Zucker abschmecken. Unter ständigem Rühren 5 Minuten braten.
- Den Teller mit den Fischen vom Kochtopf nehmen. Die Sauce auf die Filets geben und weitere 4 Minuten dünsten. Mit Naturreis, Klebreis (Rezept auf S. 112) oder gebratenen Nudeln servieren.

> *Im Fernen Osten wird Fleisch häufig durch Fisch ersetzt. Ingwer und schwarze Bohnen sind zwei unverzichtbare Zutaten. Statt der Dorade kann man auch Steinbuttfilets nehmen.*

FÜR 4 Personen
ZUBEREITUNGSZEIT 30 Minuten
GARZEIT 30 Minuten

ENTENFILETS MIT SATAY-SAUCE

Tea Chha Kroeung Teth

800 g Entenfilet
1 Prise Salz
1 Prise Pfeffer

Für die Sauce
30 g Zwiebel
40 g Schalotte
10 g Kartoffelstärke
100 ml Hühnerbrühe
30 ml Sonnenblumenöl
70–80 g Satay-Pulver
70 ml Nuoc Mam
60 g Zucker
200 ml Kokosmilch

Als Beilagen
400 g Sojasprossen
1 Kopf Brokkoli
8 g Salz

> *Satay ist eine Mischung aus Erdnüssen, Knoblauch, Schalotten, Paprika, Sesam, Zucker und Salz. Man kann sie für Fondue verwenden oder um eine Sauce zu verfeinern. Satay ist in Asien (vor allem in Kambodscha, Vietnam und Thailand) äußerst beliebt. Servieren Sie zu diesem Gericht einen Rotwein.*

- Für die Sauce die Zwiebel und die Schalotte schälen und klein hacken. Die Kartoffelstärke in der kalten Hühnerbrühe auflösen. Das Sonnenblumenöl in einem Topf auf mittlere Hitze erwärmen. Die gehackte Zwiebel darin 2 Minuten anschwitzen. Die gehackte Schalotte hinzufügen und anbräunen. Danach Satay-Pulver, Nuoc-Mam-Sauce, Zucker und Kokosmilch in den Topf geben. Das Ganze auf kleiner Flamme gut verrühren. Nach und nach unter ständigem Rühren die Hühnerbrühe angießen, bis eine leicht zähflüssige Sauce entsteht. Vom Herd nehmen und beiseitestellen.

- Die Entenfilets auf beiden Seiten salzen und pfeffern. Auf einem Grill oder im Ofen 7 Minuten auf der Hautseite und 5 Minuten auf der anderen Seite braten, damit das Fleisch schön rosa wird. Die gebratenen Filets in Scheiben schneiden und mit der Sauce beträufeln.

- Zu diesem Gericht passen Sojasprossen und Brokkoli. Bereiten Sie beides zu, bevor Sie das Fleisch braten. Die Sojasprossen waschen und 2 Minuten in einen Topf mit kochendem Wasser geben. Mit einem Schaumlöffel herausnehmen und gründlich abtropfen lassen. Den Brokkoli waschen und in Röschen schneiden. Diese 5–6 Minuten in einen Topf mit kochendem Salzwasser geben, dann in einem Sieb abtropfen lassen. Danach das Fleisch braten und die Beilagen vor dem Servieren noch einmal kurz erhitzen.

CURRYHÄHNCHEN-SPIESSE MIT ERDNUSSSAUCE

Ga Nuong Carry Toi

> *Reichen Sie zu diesem Gericht einen frischen Rosé oder einen milden Rotwein.*

FÜR 4 Personen
ZUBEREITUNGSZEIT 30 Minuten
MARINADE 45 Minuten
GARZEIT 30 Minuten

800 g Hähnchenbrustfilet

Für die Marinade
30 g Schalotte
6 Knoblauchzehen
30 ml Sonnenblumenöl
10 g Currypulver
20 ml Nuoc Mam
50 g Zucker
3 Prisen Salz

Für die Sauce
2 Schalotten
1 Knoblauchzehe
20 ml Sonnenblumenöl
50 g Paprikapulver edelsüß
50 g Erdnusspaste
150 g Kokosmilch
1 Prise Salz

12 Holzspieße

- Für die Marinade die Hähnchenbrustfilets mit einem kleinen, scharfen Messer in kleine Stücke schneiden. Schalotten und Knoblauchzehen schälen und im Behälter des Mixers grob zerkleinern. Danach zu einer gleichmäßigen Paste pürieren.

- Das Hähnchenfleisch in einer Schüssel mit der Schalotten-Knoblauch-Paste vermengen. Sonnenblumenöl, Currypulver, Nuoc-Mam-Sauce, Zucker und Salz hinzufügen. Das Ganze gut verkneten und 45 Minuten marinieren.

- Für die Sauce die Schalotten und die Knoblauchzehe schälen, im Behälter des Mixers zerkleinern. Danach zu einer gleichmäßigen Paste pürieren. Das Sonnenblumenöl in einem kleinen Topf erhitzen. Die Schalotten-Knoblauch-Paste in den Topf geben. Sobald das Öl ganz heiß ist, Paprika und Salz hinzufügen und alles gut verrühren. Die Erdnusspaste und die Kokosmilch in den Topf geben. Auf kleiner Flamme 10 Minuten unter ständigem Rühren reduzieren lassen, sodass eine leicht zähflüssige Sauce entsteht.

- Die marinierten Hähnchenstücke auf die Bratspieße stecken und diese auf den Grill legen. Mit Klebreis (Rezept auf S. 112) und der Erdnusssauce servieren.

FÜR 4 Personen
ZUBEREITUNGSZEIT 30 Minuten
GARZEIT 10 Minuten

GEBRATENE GARNELEN MIT THAI-BASILIKUM

Ba Cann Ccha « Cchi Anvong »

> *Reichen Sie zu den Garnelen einen frischen Weißwein.*

500 g frische große Sägegarnelen (Größe 21–25)
2 Knoblauchzehen
60 g Köpfe vom Thai-Schnittlauch (Knoblauch-Schnittlauch)
60 g Thai-Basilikum
1 Chilischote
200 ml Sonnenblumenöl
50 ml Nuoc Mam
50 g Zucker
80 ml Hühnerbrühe

Für die Marinade
10 g Kartoffelstärke
1 Prise Salz

- Jede Garnele sorgfältig aus ihrem Panzer lösen und in der Rückenmitte einschneiden, um Unreinheiten entfernen zu können. Die Garnelen mit kaltem Wasser abspülen und mit Küchenkrepp trocken tupfen.
- Für die Marinade die Garnelen in einer Schüssel mit der Kartoffelstärke und dem Salz gut vermischen. Einige Minuten marinieren lassen.
- Die Knoblauchzehen schälen und in kleine Stücke schneiden. Die Schnittlauchköpfe in kleine Ringe schneiden. Die Basilikumblätter grob zerkleinern. Die Chilischote in Ringe schneiden. Alles beiseitestellen.
- Das Sonnenblumenöl in einem Wok auf kleiner Flamme erhitzen. Die marinierten Garnelen hinzufügen und 1 Minute anbraten. Nach der Hälfte der Zeit wenden. Mit einem Schaumlöffel herausnehmen und abtropfen lassen. Auf einen Teller legen und beiseitestellen.
- Den Wok wieder auf die Herdplatte stellen. 150 ml Öl hineingießen und erhitzen. Den Knoblauch darin andünsten. Danach Schnittlauch und Chili hinzufügen, 1 Minute erhitzen. Die Garnelen und das Basilikum hinzufügen, mit dem Zucker und der Nuoc-Mam-Sauce abschmecken. Weitere 2 Minuten bei starker Hitze braten.
- Die Hühnerbrühe angießen und den Bratensaft mit einem Spatel loskochen. Nochmals 1 Minute braten. Die Garnelen mit Natur- oder Klebreis (Rezept auf S. 112) servieren.

> *Den ursprünglich aus Indien stammenden Basilikum gibt es in vielen Varianten. Für dieses Gericht sollten Sie auf jeden Fall Thai-Basilikum verwenden.*

FÜR 4 Personen
ZUBEREITUNGSZEIT 30 Minuten
EINWEICHZEIT 15 Minuten
GARZEIT 45 Minuten

GEFÜLLTE KREBSE

Cchar Cour

4 vorgekochte Krebse oder 1 Packung TK-Krebsfleisch (400 g)
50 g getrocknete schwarze Champignons
1 Schalotte
300 g Gehacktes vom Schwein
20 ml Nuoc Mam
20 g Zucker
1 frisches Ei
1 Prise Salz
1 Prise gemahlener Pfeffer

> *Reichen Sie zu diesem Gericht einen Weißwein oder ein leichtes Bier.*

- Die Krebse fein säuberlich von ihren Panzern lösen, um so an das Fleisch zu kommen, ohne die Panzer zu beschädigen. Alternativ das TK-Krebsfleisch auftauen.
- Die Champignons für 15 Minuten in eine Schüssel mit heißem Wasser geben, danach abspülen und in kleine Stücke schneiden. Die Schalotte schälen und würfeln.
- Für die Füllung Krebsfleisch, Hackfleisch, Champignons, Schalottenwürfel, Nuoc-Mam-Sauce, Zucker, Ei, Salz und Pfeffer zu einer gleichmäßigen Paste vermengen.
- Die leeren Krebspanzer mit der Farce füllen oder die Farce alternativ auf Porzellanschälchen verteilen. Dämpfen oder im Ofen 45 Minuten bei 210 °C garen.
- Die gefüllten Krebse mit Reis und etwas Nuoc Mam servieren.

FÜR 4 Personen
ZUBEREITUNGSZEIT 20 Minuten
MARINADE 10 Minuten
GARZEIT 20 Minuten

GEBRATENES RINDFLEISCH MIT SATAY-SAUCE

Sath Ko Chha Saté

600 g Rindfleisch (Stücke für Fondue)
10 g Kartoffelstärke
100 ml Sonnenblumenöl
40 g Satay-Pulver
25 ml Nuoc Mam
25 g Zucker
50 ml Hühnerbrühe

> *Wenn Ihnen die Inspiration fehlt, haben wir hier ein schmackhaftes Gericht für Sie, das sich sehr einfach zubereiten lässt. Reichen Sie dazu einen Rotwein.*

- Für die Marinade das Rindfleisch mit einem kleinen, scharfen Messer in dünne Scheiben schneiden. Diese in einer großen Schüssel mit der Kartoffelstärke vermischen. 10 Minuten marinieren lassen.

- Das Sonnenblumenöl in einem Wok auf mittlere Hitze erwärmen. Das Satay-Pulver hineingeben und 1 Minute erhitzen. Das marinierte Rindfleisch hinzufügen, umrühren und ein paar Minuten anschmoren. Mit der Nuoc-Mam-Sauce und dem Zucker abschmecken. Mit der Hühnerbrühe ablöschen und den Bratensaft mit einem Spatel loskochen. Weitere 5 Minuten braten.

- Zum Rindfleisch mit Satay eine Schüssel Reis oder gebratene Nudeln reichen.

BO BUN MIT RINDFLEISCH

Bo Bun

> *Dieses Gericht ist in Vietnam sehr beliebt. Man kann es zu jeder Tageszeit essen.*

FÜR 4 Personen
ZUBEREITUNGSZEIT 1 Stunde
EINWEICHZEIT 20 Minuten
GARZEIT 10 Minuten

- 300 g Reisnudeln (Bùn)
- 800 g Rindfleisch (Stücke für Fondue)
- ½ Kopf Bataviasalat
- ½ Bund vietnamesische Rau-mant-Minze
- 100 g Sojasprossen
- ½ Gurke
- 1 große Zwiebel
- 25 ml Sonnenblumenöl
- 40 ml verfeinerte Nuoc-Mam-Sauce (Rezept auf S. 26)
- 10 g Zucker
- 3 g Salz

Für die Zitronengraspaste

- 40 g Schalotte
- 1 Knoblauchzehe
- 1 Chilischote
- 40 g frisches Zitronengras
- 15 g frischer Thai-Ingwer
- 10 g frische Kurkuma
- 1 g Kaffirlimettenschale

- Die Reisnudeln maximal 20 Minuten in einer Schüssel mit lauwarmem Wasser einweichen. In ein spitzes Sieb geben und abtropfen lassen.

- Das Rindfleisch mit einem scharfen Messer in feine Scheiben schneiden und beiseitestellen.

- Für die Zitronengraspaste die Schalotte und die Knoblauchzehe schälen. Alle Zutaten in kleine Stücke schneiden und im Mixer zu einer Paste pürieren. Diese in einer Schüssel mit dem Rindfleisch vermengen. Beiseitestellen.

- Die eingeweichten Reisnudeln für 3–5 Minuten in einen Topf mit kochendem Wasser geben. In einem Sieb abtropfen lassen.

- 5–6 Blätter Bataviasalat sowie die Minzeblätter waschen und sorgfältig trocken tupfen. Salat- und Minzeblätter in dünne Streifen schneiden. Die Sojasprossen grob zerkleinern. Die Gurke schälen und stifteln. Alle diese Zutaten zusammen mit den gekochten Reisnudeln auf Servierschälchen verteilen.

- Die Zwiebeln schälen und in lange Streifen schneiden. Das Sonnenblumenöl in einem Wok erhitzen und die Zwiebeln sowie die von der Paste umhüllten Rindfleischstücke 3 Minuten darin anbraten. Danach 40 ml Nuoc Mam sowie den Zucker und das Salz hinzufügen. Weitere 5 Minuten braten und auf die Schälchen mit dem Gemüse verteilen.

FÜR 4 Personen
ZUBEREITUNGSZEIT 30 Minuten
GARZEIT 55 Minuten

GESCHMORTE GAMBAS AUF VIETNAMESISCHE ART

Tom Khor

8 Süßwassergambas (2 kg)
40 ml Nuoc Mam
5 g Zucker
10 ml milde Chilisauce
1 Knoblauchzehe
80 ml Hühnerbrühe
1 Prise Salz
1 Prise gemahlener Pfeffer

" *Dieses Gericht wird in Südvietnam bei Familienfeiern serviert.*

- Die Gambas sorgfältig aus ihrem Panzer lösen und in der Rückenmitte einschneiden, um Unreinheiten entfernen zu können. Waschen und 3 Minuten in einen Topf mit kochendem Wasser geben. Mit kaltem Wasser abschrecken und mit Küchenkrepp abtrocknen.

- Den Rogen aus den Köpfen der Gambas entfernen und in eine kleine Schüssel geben. Mit einer Gabel cremig rühren. 5 Minuten in einem Topf auf kleiner Flamme erhitzen und beiseitestellen.

- Die Nuoc-Mam-Sauce in einem Topf erhitzen. Gambas, Zucker, Chilisauce, geschälten Knoblauch, Rogen, Salz und Pfeffer hinzufügen. Das Ganze 5 Minuten bei starker Hitze anschmoren, danach die Hühnerbrühe angießen. Auf kleiner Flamme 45 Minuten weiterköcheln lassen.

- Die Gambas im Kochsud servieren. Dazu eine Schüssel Natur- oder Klebreis (Rezept auf S. 112) reichen.

__Tom__ bedeutet Garnelen oder Gambas, __Khor__ bedeutet geschmort. Reichen Sie zu diesem Gericht einen Weißwein. "

HÄHNCHENSCHENKEL MIT ZITRONENGRAS

Ga Nuong Xa Euc

FÜR 4 Personen
ZUBEREITUNGSZEIT 30 Minuten
RUHEZEIT 1 Stunde
GARZEIT 45 Minuten

4 Hähnchenschenkel

Für die Marinade
70 ml Nuoc Mam
25 g Zucker
25 ml Sonnenblumenöl
6 g Salz

Für die Zitronengraspaste
80 g Schalotte
1 Knoblauchzehe
100 g Zitronengras
30 g Thai-Ingwer
15 g Kurkuma
1 kleine Chilischote
Schale von 1/6 Kaffirlimette

> *Zu diesem Gericht passt ein Salat aus Tomaten, Gurken und Zwiebeln. Reichen Sie dazu einen Rotwein.*

- Für die Zitronengraspaste die Schalotten und die Knoblauchzehe schälen. Alle Zutaten in kleine Stücke schneiden, in den Mixer geben und zu einer Paste pürieren. Beiseitestellen.
- Die 4 Hähnchenschenkel mit kaltem Wasser abspülen. Abtropfen lassen und mit Küchenkrepp trocken tupfen. Nuoc-Mam-Sauce, Zucker, Öl und Salz mit der Zitronengraspaste zu einer gleichmäßigen Masse vermischen. Die Hähnchenschenkel 1 Stunde darin marinieren.
- Die Hähnchenschenkel auf einen heißen Bratrost legen. Vorzugsweise auf einem Grill braten, ansonsten 45 Minuten bei 200 °C im Ofen garen, bis die Hähnchenschenkel goldbraun und ganz durch sind. Nach der Hälfte der Zeit wenden.
- Dazu eine Schüssel Kleb- oder Naturreis sowie Blumenkohl, geraspelte Karotten oder Salat reichen.

> *Zitronengras verwenden wir in einer ganzen Reihe von Gerichten, z.B. Suppen und Salaten, Grill- und Schmorgerichten.*

FÜR 4 Personen
ZUBEREITUNGSZEIT 15 Minuten
BRAT- UND GARZEIT 1 Stunde

SCHWEINERIPPE MIT KARAMELLSAUCE

Thit Khor

- 600 g Schweinerippe
- 100 ml Karamellsauce (hausgemacht oder aus dem Fläschchen)
- 40 ml Nuoc Mam
- 30 g Zucker
- 1 Prise Salz
- 3 g gemahlener Pfeffer
- 750 ml kochendes Wasser
- ¼ Knoblauchzehe

> *Dieses Gericht wird in den meisten vietnamesischen Familien im Voraus zubereitet, damit man es genießen kann, wann immer man will. Es hält sich einige Tage im Kühlschrank. Warm schmeckt es allerdings besser!*

- Das Schweinefleisch würfeln und in einem Topf mit der Karamellsauce vermischen. Stark erhitzen. Sobald das Fleisch eine goldbraune Farbe angenommen hat, Nuoc-Mam-Sauce, Zucker, Salz und gemahlenen Pfeffer hinzufügen. Weitere 10 Minuten braten. Das kochende Wasser und den geschälten Knoblauch in den Topf geben. Auf kleiner Flamme zwischen 45 Minuten und 1 Stunde köcheln lassen.

- Mit Reis und grünem Salat servieren.

FÜR 4 Personen
ZUBEREITUNGSZEIT 20 Minuten
MARINADE 10 Minuten
GARZEIT 20 Minuten

GEBRATENER SEETEUFEL AUF INDOCHINESISCHE ART

Treil Chha Kroeung

*Dieses laotische Gericht wird mit **Shrimp paste** zubereitet, einer Würzpaste aus Garnelenpüree und Zitronengras. Reichen Sie dazu einen Weißwein.*

600 g Seeteufelfilet
1 Zwiebel
1 Schalotte
10 g Köpfe vom Thai-Schnittlauch (Knoblauch-Schnittlauch)
20 g Thai-Basilikum
200 ml Sonnenblumenöl
50 ml Nuoc Mam
25 g Garnelenpaste mit Zitronengras *(Shrimp paste)*
25 g Zucker
50 ml Hühnerbrühe

Für die rote Sauce
2 Schalotten
1 Knoblauchzehe
20 ml Sonnenblumenöl
5 g Paprikapulver edelsüß
1 Prise Salz

Für die Marinade
8 g Kartoffelstärke
2 Prisen Salz

- Für die rote Sauce die Schalotten und den Knoblauch schälen und klein hacken. Das Öl in einem kleinen Topf erhitzen, Schalottenstücke und Knoblauch hineingeben. Sobald das Öl ganz heiß ist (nach etwa 3 Minuten), Paprikapulver und Salz hinzufügen. Gut durchrühren und vom Herd nehmen.

- Für die Marinade die Seeteufelfilets waschen, abtropfen lassen und in die gewünschte Anzahl Stücke schneiden. Mit der Kartoffelstärke und dem Salz gut vermengen und bei Raumtemperatur marinieren lassen.

- Die Zwiebel und die Schalotte schälen und in dünne Ringe schneiden. Den Thai-Schnittlauch waschen und die Köpfe in kleine Stücke schneiden. Das Thai-Basilikum grob zerkleinern.

- Das Sonnenblumenöl im Wok auf hohe Temperatur erhitzen. Die Seeteufelstücke hineinlegen. 2 Minuten braten, dann den Wok vom Herd nehmen und den Fisch mit einem Schaumlöffel herausheben. In einem Sieb abtropfen lassen, dann auf Küchenkrepp legen.

- Den Wok erneut erhitzen. Die Zwiebel- und die Schalottenringe sowie die Thai-Schnittlauchköpfe zum Fischsud geben und gut anbraten. Nach einigen Minuten die Fischstücke hinzufügen und mit Nuoc-Mam-Sauce, *Shrimp paste*, roter Sauce und Zucker abschmecken. Das Ganze 2 Minuten bei starker Hitze braten, dann die zerkleinerten Basilikumblätter hinzufügen. Schnell mit der Hühnerbrühe ablöschen und den Bratensaft mit einem Spatel loskochen. Weitere 2 Minuten braten.

- Den Seeteufel mit Natur- oder Klebreis (Rezept auf S. 112) servieren.

FÜR 4 Personen
ZUBEREITUNGSZEIT 1 Stunde
MARINADE 10 Minuten
GARZEIT 30 Minuten

GEBRATENES RINDFLEISCH MIT TOMATENREIS

Loc lac

> *Der Name Loc lac kommt von dem Geräusch, das der Wok macht, wenn er beim Braten der Zutaten auf dem Herd rappelt. Ein einfaches und schmackhaftes Gericht, das man am besten mit einem Glas Côtes-du-Rhône genießt.*

350 g langkörniger Duftreis
600 g Rindfleisch (Stücke für Fondue)
1 Zwiebel
2 Knoblauchzehen
1 Schalotte
1 Tomate
10 g Kartoffelstärke
30 ml Sojasauce
25 ml Austernsauce
25 g Zucker
2 Prisen Salz
2 Prisen Pfeffer
200 ml Sonnenblumenöl
200 g Tomatenmark
50 ml Hühnerbrühe

- Den Reis nach Packungsanweisung im Reiskocher zubereiten.
- Mit einem kleinen, scharfen Messer das Rindfleisch in feine Scheiben schneiden. Die Zwiebel, die Knoblauchzehen und die Schalotte schälen. Die Tomate waschen. Die Zwiebel in Ringe und die Tomate in dünne Scheiben schneiden. Den Knoblauch und die Schalotte klein hacken.
- Das Fleisch in einer Schüssel mit Kartoffelstärke, Soja- und Austernsauce, Zucker und der Hälfte des Knoblauchs vermengen. Salzen und pfeffern und anschließend 10 Minuten marinieren lassen.
- 100 ml Öl in den Wok geben und auf mittlere Temperatur erhitzen. Die gehackte Schalotte hineingeben und leicht goldbraun anbraten. Das Tomatenmark hinzufügen, 1 Minute weiterbraten und dann die entstandene Sauce über den gekochten Reis geben. Alles gut vermischen.
- Den Wok mit dem restlichen Öl erneut auf mittlere Temperatur erhitzen. Den restlichen Knoblauch hineingeben und goldbraun braten. Das marinierte Rindfleisch hinzufügen und braten. Nach der Hälfte der Zeit, wenn das Fleisch noch rosa ist, mit der Hühnerbrühe ablöschen. Den Bratensaft mit einem Spatel loskochen. Weitere 2–3 Minuten braten.
- Den Reis und das Fleisch auf Teller legen. Dazu Zwiebelringe und Tomatenscheiben reichen.

FÜR 4 Personen
ZUBEREITUNGSZEIT 20 Minuten
GARZEIT 30 Minuten

BRATHÄHNCHEN MIT HONIG UND INGWER

Ga Xao Gung

600 g Hähnchenbrustfilet
1 Zwiebel
1 Stück Ingwer (etwa 15 g)
40 ml Sonnenblumenöl
25 g Honig
45 ml Nuoc Mam
15 g Zucker
40 ml Hühnerbrühe
4 g Salz

> *Dies ist ein vietnamesisches Alltagsgericht. Die reizvolle Mischung aus der Süße des Honigs und dem Geschmack des Ingwers wird Ihnen gefallen.*

- Die Hähnchenfilets mit einem scharfen Messer in kleine Würfel schneiden. Die Zwiebel schälen und in dicke Scheiben schneiden. Den Ingwer in dünne Streifen raspeln.

- Das Sonnenblumenöl im Wok erhitzen. Die Zwiebelscheiben hineingeben und anbraten. Die Ingwerstreifen hinzufügen und 2–3 Minuten anbräunen. Das Hähnchenfleisch in den Wok geben und alles zusammen weiterbraten. Nach der Hälfte der Zeit (etwa 10 Minuten) den Honig hinzufügen. Verrühren und 3–4 Minuten goldbraun karamellisieren lassen. Die Nuoc-Mam-Sauce, den Zucker und das Salz hinzufügen. Weitere 5 Minuten braten. Die Hühnerbrühe angießen und den Bratensaft mit einem Spatel loskochen. Das Ganze noch einmal 3–4 Minuten braten.

- Das Ingwerhähnchen in seinem Sud servieren. Dazu eine Schüssel Reis reichen.

FÜR 4 Personen
ZUBEREITUNGSZEIT 30 Minuten
MARINADE 10 Minuten
GARZEIT 10 Minuten

GEBRATENES RINDFLEISCH AUF LAOTISCHE ART

Sath ko chha mreik shros

Ein Alltagsgericht aus Laos.

- 600 g Rindfleisch (Stücke für Fondue)
- 8 g Kartoffelstärke
- 1 Schalotte
- 10 g Köpfe vom Thai-Schnittlauch (Knoblauch-Schnittlauch)
- 20 g Basilikum
- 40 ml Sonnenblumenöl
- 50 ml Nuoc Mam
- 25 g Zucker
- 35 g Garnelenpaste mit Zitronengras *(Shrimp paste)*
- 1 Prise Salz
- 10 g frischer grüner Pfeffer
- 50 ml Hühnerbrühe

Für die rote Sauce

- 2 Schalotten
- 1 Knoblauchzehe
- 20 ml Sonnenblumenöl
- 5 g Paprikapulver edelsüß
- 1 Prise Salz

- Für die Marinade das Rindfleisch mit einem kleinen, scharfen Messer in feine Streifen schneiden. Diese in einer Schüssel mit der Kartoffelstärke vermischen. Einige Minuten marinieren lassen.

- Für die rote Sauce die Schalotten und den Knoblauch schälen und klein hacken. Das Öl in einem kleinen Topf erhitzen und die Knoblauch- und Schalottenstücke darin anbraten. Paprikapulver und Salz hinzufügen. Gut durchmischen und vom Herd nehmen.

- Die Schalotte schälen und in dünne Ringe schneiden. Die Thai-Schnittlauchköpfe in kleine Stücke schneiden. Die Basilikumblätter grob zerkleinern. In separaten Schüsseln beiseitestellen.

- Das Sonnenblumenöl im Wok erhitzen. Die Schalottenringe und die Schnittlauchköpfe darin anbraten. Die marinierten Rindfleischstreifen hinzufügen. Das Ganze 2–3 Minuten braten und mit Nuoc-Mam-Sauce, Zucker, *Shrimp paste*, roter Sauce und Salz abschmecken. Weitere 2–3 Minuten braten, mit dem Basilikum und dem grünen Pfeffer würzen. Nochmals 2–3 Minuten braten. Die Hühnerbrühe angießen und den Bratensaft mit einem Spatel loskochen. Ein letztes Mal 2 Minuten braten.

- Das gebratene Rindfleisch in seiner Sauce servieren und dazu Natur- oder Klebreis (Rezept auf S. 112) reichen.

Statt Rind- kann auch Entenfleisch verwendet werden.

SATAY-FONDUE

Lau saté

FÜR 4 Personen
ZUBEREITUNGSZEIT 30 Minuten
EINWEICHZEIT 20 Minuten
GARZEIT 2 Stunden

500 g Rindfleisch (Stücke für Fondue)
300 g Garnelen
1 Packung weicher Tofu
300 g Glasnudeln
1 Kopf Bataviasalat
½ Gurke
2 Tomaten
100 g Sojasprossen
½ Bund Minze
1 Schalotte
1 Knoblauchzehe
1 EL Öl
100 g Satay-Pulver (120 g, wenn es etwas schärfer sein soll)
3 g Salz
7 g Zucker
15 ml Nuoc Mam
250 ml Kokosmilch

Für die Bouillon
2 Hähnchen-Karkassen
1 Zwiebel
1 Schalotte
1 Karotte

> *Eine Kindheitserinnerung: Als meine Mutter mit meinem Bruder Chhim schwanger war, haben sie und Papa dieses Gericht acht Monate lang fast jeden Abend gegessen. Als mein Bruder dann geboren wurde, wies seine Haut eine ähnlich rote Färbung auf wie Satay …*

- Für die Bouillon die Hähnchen-Karkassen grob in Stücke hacken. Für 6 Minuten in kochendes Wasser geben. Herausnehmen, abtropfen lassen, mit kaltem Wasser abspülen und beiseitestellen.

- Die Zwiebel und die Schalotte ungeschält bei starker Hitze in einer Pfanne 3–5 Minuten von allen Seiten anschmoren. Beiseitestellen. Die Hähnchenteile, die Zwiebel, die Schalotte und die Karotte in einen Topf mit 3 l kochendem Wasser geben. 1 Stunde und 30 Minuten auf kleiner Flamme köcheln lassen, bis die Flüssigkeit auf die Hälfte reduziert ist. Durch ein spitzes Sieb geben, um eine klare Brühe zu erhalten. Beiseitestellen.

- Das Rindfleisch in kleine Stücke schneiden und in den Kühlschrank stellen. Die Garnelen aus ihrem Panzer lösen, am Rücken einschneiden und Unreinheiten entfernen. Danach abspülen, abtropfen lassen und in den Kühlschrank stellen. Den Tofu würfeln und beiseitestellen. Die Glasnudeln in einer Schüssel mit lauwarmem Wasser 20 Minuten einweichen.

- Den Salat waschen, gut abtropfen lassen und halbieren. Die Gurke schälen und in Scheiben schneiden. Die Tomaten in kleine Stücke schneiden. Die Sojasprossen und die Minzeblätter abspülen, abtropfen lassen und beiseitestellen. Die Schalotte und die Knoblauchzehe schälen und klein hacken. In 1 Esslöffel Öl anbräunen, dann das Satay-Pulver hinzufügen. 2–3 Minuten anschmoren, dabei das Salz, den Zucker und die Nuoc-Mam-Sauce hinzugeben. Die Kokosmilch angießen, das Ganze gut vermischen und in die Bouillon geben. 5 Minuten kochen lassen.

- Die verschiedenen Gemüse und die Glasnudeln auf einen großen Teller legen. Das Fleisch, die Garnelen und den Tofu auf separate Teller geben. Die Satay-Brühe in einen Fonduetopf füllen und das Rechaud in Betrieb setzen, um die Bouillon warm zu halten. Ein wenig Gemüse mit Glasnudeln in die Servierschälchen legen. Jeder Gast gart sein Fleisch und seine Garnelen dann selbst in der Bouillon. Guten Appetit!

FÜR 2 Personen
ZUBEREITUNGSZEIT 45 Minuten
GARZEIT 20 Minuten

SCHWEINEFLEISCH MIT GESALZENEN RÜBEN, TOFU UND MAR-THOA-BOHNEN

Heo xao cu cai muôi

Einfach und nicht teuer! Eines unserer typischen Familiengerichte, in denen sich chinesische und vietnamesische Aromen miteinander verbinden.

1 Packung fester Tofu (150 g)
200 ml Sonnenblumenöl
300 g Vorderrippe vom Schwein
200 g asiatische Mar-thoa-Bohnen
1 Packung gesalzene Navet-Rüben (450 g)
1 Schalotte
½ Chilischote
10 g Zucker
50 ml Sojasauce
1 Prise Salz
1 Prise Pfeffer

- Den Tofu in kleine Würfel schneiden. Das Öl im Wok auf mittlere Temperatur erhitzen und die Tofuwürfel darin anbräunen. Mit einem Schaumlöffel herausnehmen und abtropfen lassen. Beiseitestellen und das Öl im Wok lassen. Das Schweinefleisch in etwa 1 cm dicke und 3 cm lange Stücke schneiden.

- Die Bohnen in etwa 3 cm lange Stifte schneiden und 5–6 Minuten in einem Topf mit kochendem Wasser blanchieren. In einem Sieb abtropfen lassen. Mit kaltem Wasser abschrecken und erneut abtropfen lassen. Beiseitestellen.

- 2 gesalzene Rüben mit reichlich kaltem Wasser abspülen und in etwa 3 cm lange Stifte schneiden. Die Schalotte schälen und mit einem kleinen, spitzen Messer klein hacken. Die Chilischote klein schneiden. Beiseitestellen.

- Den Wok mit dem restlichen Tofu-Öl auf mittlere Temperatur erhitzen. Die gehackte Schalotte hineingeben und 1–2 Minuten anschmoren. Sobald die Schalottenstücke sich goldbraun färben, das Fleisch hinzufügen und alles 10 Minuten anbraten. Den Tofu, die Bohnen und die gestiftelten Rüben hinzugeben und mit dem Zucker und der Sojasauce abschmecken. Salzen und pfeffern. Das Ganze gut verrühren und weitere 6–7 Minuten braten. Die zerkleinerten Chili einstreuen und währenddessen weiterrühren, damit alle Zutaten gleichmäßig gebraten werden. Fertig!

Mit einer Schüssel heißem Reis schmeckt dieses Gericht ganz wunderbar.

FÜR 4 Personen
ZUBEREITUNGSZEIT 15 Minuten
GARZEIT 2 Stunden

SCHWEINSHAXE IN GEWÜRZEN GEGART

Gio heo khor

Dieses Essen ist bei Biertrinkern sehr beliebt. Und aufgewärmt schmeckt es fantastisch! Probieren Sie es mal.

2 Schweinshaxen
3 g gemahlener Pfeffer
10 g Fünf-Gewürze-Mischung
10 g Szechuanpfeffer
10 g Zimtstangen
30 g Thai-Ingwer
10 ml Karamellsauce (hausgemacht oder aus dem Fläschchen)
50 ml Sojasauce
15 g Zucker
1,5 l kochendes Wasser
1 Prise Salz

- Die Schweinshaxen sorgfältig säubern und für 6 Minuten in einen Topf mit kochendem Wasser geben. Mit einem Schaumlöffel herausnehmen, abtropfen lassen und mit kaltem Wasser abspülen.
- Die Gewürze in einen Topf geben und Karamellsauce, Sojasauce, Zucker, Salz sowie die Schweinshaxen hinzufügen. Bei starker Hitze 10 Minuten anbraten, dabei das Fleisch ständig hin- und herbewegen. Das kochende Wasser angießen. Das Ganze auf kleiner Flamme etwa 2 Stunden garen.
- Die Schweinshaxen zusammen mit Reis und eingelegtem Gemüse auf einer Servierplatte servieren.

FÜR 2 Personen
ZUBEREITUNGSZEIT 30 Minuten
MARINADE 30 Minuten
GARZEIT 35 Minuten

SANDWICH AUF VIETNAMESISCHE ART

Banh mi

> *Sowohl mit Rind- als auch mit Hähnchenfleisch schmeckt dieses Sandwich einfach köstlich.*

2 große Scheiben Vorderrippe vom Schwein (etwa 350 g)
½ Gurke
1 Karotte
20 g Zucker
1 Prise Salz
20 ml Weißweinessig
20 ml lauwarmes Wasser
½ Cha-loua-Würstchen
½ Bund Koriander
1 Baguette

Für die Marinade
½ Tütchen Cha-sieu-Pulver (für Schweinebraten)
10 g Zucker
1 Prise Salz
10 ml Sesamöl
30 ml Sojasauce

- Die beiden Scheiben Schweinerippe zusammen mit Cha sieu, Zucker, Salz, Sesamöl und Sojasauce in eine große Schüssel geben und marinieren. Das Fleisch und die übrigen Zutaten dabei gleichmäßig vermengen. 30 Minuten ruhen lassen.

- Den Ofen auf 200 °C vorheizen. Die Gurke schälen und in Scheiben schneiden. Die Karotte schälen und raspeln. Zucker, Salz, Essig und Wasser in eine große Schüssel geben und zu einer Vinaigrette verrühren. Die Gurkenscheiben und die geraspelte Karotte hinzufügen. Erneut vermischen und beiseitestellen.

- Die marinierten Rippenstücke in eine Brat- oder Auflaufform geben. In den Ofen schieben und 35 Minuten bei 200 °C backen.

- Das Cha-loua-Würstchen in kleine Stücke schneiden. Den Koriander waschen und trocken schütteln. Das Baguette halbieren. Jede der beiden Hälften der Länge nach einschneiden und mit den Cha-loua-Stücken, dem Schweinefleisch, den Gurkenscheiben, etwas geraspelter Karotte und einigen Korianderblättern füllen. Zum Schluss 2 Tropfen Maggi hinzufügen – und fertig ist ein köstliches Banh mi!

FÜR 4 Personen
ZUBEREITUNGSZEIT 20 Minuten
GARZEIT 30 Minuten

GEBRATENER REIS AUF VIETNAMESISCHE ART

Com Tchieng

300 g Duftreis (Rohgewicht)
4 Koung-chhieng-Schweinswürste
40 ml Sonnenblumenöl
2 Eier
½ Bund Koriander
10 g Köpfe vom Thai-Schnittlauch (Knoblauch-Schnittlauch)
1 Knoblauchzehe
25 ml Sojasauce
15 g Zucker
2 Prisen Salz
2 Prisen gemahlener Pfeffer
60 g gekochte Erbsen

Dieser gebratene Reis kann allein, als Hauptspeise oder als Beilage serviert werden.

- Den Reis in ein Sieb geben und unter kaltem Wasser abspülen. Dann nach Packungsanweisung im Reiskocher zubereiten. Abtropfen und abkühlen lassen. Die Schweinswürste in kleine Würfel schneiden.
- 20 ml Sonnenblumenöl auf mittlerer Temperatur im Wok erhitzen und die Wurstwürfel hineingeben. Etwa 15 Minuten anbraten, dann abtropfen lassen.
- Die Eier in eine Schüssel geben und mit einer Gabel verquirlen. Ein wenig Fett in einer kleinen Pfanne erhitzen und die Eier hineingießen. Das Omelett 10 Minuten braten, danach grob zerschneiden.
- Den Koriander waschen und mit einem Messer grob zerkleinern. Die Thai-Schnittlauchköpfe waschen und klein schneiden. Den Knoblauch schälen und mit einem kleinen, spitzen Messer in kleine Stücke schneiden.
- 20 ml Öl im Wok erhitzen und den Knoblauch darin anbräunen. Reis, Fleischwürfel, Omelettstücke und Thai-Schnittlauchköpfe hinzufügen. Das Ganze 5 Minuten anbraten und mit Sojasauce, Zucker, Salz und Pfeffer abschmecken. Noch ein wenig weiterbraten und mit den gekochten Erbsen sowie dem gehackten Koriander abrunden.

Zu Com Tchieng passt zum Beispiel ein Grillteller oder eine Tamarindensuppe mit Garnelen. Koung-chhieng-Schweinswürste sind in asiatischen Lebensmittelgeschäften erhältlich.

FÜR 4 Personen
ZUBEREITUNGSZEIT 30 Minuten
EINWEICHZEIT 30 Minuten
GARZEIT 50 Minuten

REIS AUF INDOCHINESISCHE ART

- 300 g Klebreis
- 2 getrocknete schwarze Champignons
- 30 g getrocknete Garnelen
- 50 g Vorderrippe vom Schwein
- 2 Schweinswürste
- 15 ml Sonnenblumenöl
- 5 g Zucker
- 6 ml Sojasauce mit Champignons
- 5 g Fünf-Gewürze-Mischung
- 1 Prise Salz
- 1 Prise gemahlener Pfeffer

„Reis auf indochinesische Art ist ein eigenständiges Gericht, passt aber auch sehr gut zu Fisch und Fleisch.

- Den Reis in ein Sieb geben, mit kaltem Wasser abspülen, danach 30 Minuten in einer Schüssel mit kaltem Wasser einweichen. In einem Sieb abtropfen lassen.
- Die getrockneten Champignons und die Garnelen 30 Minuten in einer Schüssel mit warmem Wasser einweichen. In ein Sieb geben, abspülen und abtropfen lassen.
- Die Champignons und das Schweinefleisch in kleine Stücke schneiden. Die Schweinswürste in kleine Würfel schneiden.
- Das Sonnenblumenöl im Wok auf mittlere Temperatur erhitzen. Die Champignons, die Fleischwürfel und das Schweinefleisch hinzufügen. 3 Minuten anbraten, danach Garnelen, Reis, Zucker, Sojasauce, Fünf-Gewürze-Mischung, Salz und Pfeffer hinzufügen. Das Ganze 5 Minuten braten und danach 45 Minuten dämpfen.

In Kambodscha gehören normaler Reis und Klebreis zu den Grundrezepten. Reichen Sie zu diesem Gericht einen Weißwein. Garnelen, Schweinswürste und Fünf-Gewürze-Mischung sind in asiatischen Lebensmittelgeschäften erhältlich.“

FÜR 4 Personen
ZUBEREITUNGSZEIT 15 Minuten
EINWEICHZEIT 2 Stunden
GARZEIT 1 Stunde 30 Minuten

KLEBREIS

500 g Klebreis
25 ml Kokosmilch
10 g Zucker
3 g Salz

In Indochina ist dieser Reis ein Grundnahrungsmittel. In Laos isst man diese Art Reis zu allen Gerichten.

- Den Klebreis in einer Schüssel mit lauwarmem Wasser 2 Stunden einweichen.
- Den Reis in ein Sieb geben, mit kaltem Wasser abspülen und abtropfen lassen. In ein Stück Gaze einwickeln und zwischen 45 Minuten und 1 Stunde dämpfen.
- In der Zwischenzeit die Kokosmilch in einen Topf geben. Auf kleiner Flamme 15 Minuten reduzieren lassen. Den Zucker und das Salz hinzufügen. Das Ganze gut vermischen und weitere 10 Minuten auf kleiner Flamme reduzieren lassen, sodass zum Schluss nur noch die Hälfte der ursprünglichen Flüssigkeitsmenge vorhanden ist.
- Den gekochten Klebreis in eine Schüssel geben. Die eingedickte Kokosmilch hinzufügen und das Ganze gut verrühren.
- Den heißen Klebreis in einem Dampfkorb oder einem *Tip Khao* servieren. Klebreis passt sowohl zu Fisch- als auch zu Fleischgerichten.

Reichen Sie diese Sorte Reis zu Kabeljaufilet mit Zitronengras (siehe S. 62), zu gebratenen Garnelen mit Basilikum (siehe S. 78) und zu Rind oder Ente mit Satay-Sauce (siehe S. 74 und 82).

DESS

ERTS

FÜR 4 Personen
ZUBEREITUNGSZEIT 15 Minuten
RUHEZEIT 30 Minuten
GARZEIT 10 Minuten

BANANENKRAPFEN

Tchuoi Tchien

150 g Weizenmehl
150 g Kartoffelstärke
400 ml Wasser
1 TL Hefe
1 TL geröstete Sesamkörner
30 ml Sonnenblumenöl
4 Bananen
1 l Öl zum Ausbacken

In Asien liebt jeder diesen Nachtisch. Sie können ihn mit Rum oder mit Rosenreisbrand flambieren.

- Das Mehl in eine große Schüssel sieben, möglichst gleichmäßig mit der Kartoffelstärke vermischen und dabei nach und nach das Wasser angießen. Der Teig sollte weder zu fest noch zu flüssig sein. Eventuell mit etwas mehr Mehl korrigieren. Die Hefe und die Sesamkörner hinzufügen und das Sonnenblumenöl einrühren. Alles gut durchmischen und 30 Minuten ruhen lassen.

- Die Bananen schälen und längs halbieren. Beide Hälften nochmals halbieren.

- Das Öl in einer Fritteuse oder einem großen Topf auf 180 °C erhitzen. Den Teig noch einmal mit einem Spatel 3–4 Minuten verrühren. Die Bananenstücke in den Teig tauchen und nach und nach in das Öl geben. Nach der Hälfte der Frittierzeit (d.h. nach 2–3 Minuten) mit einem Schaumlöffel wenden. Die goldbraunen Krapfen mit dem Schaumlöffel herausnehmen, abtropfen lassen und auf einen Teller mit Küchenkrepp legen.

Servieren Sie die Bananenkrapfen mit Puderzucker bestreut oder zusammen mit einer Kugel Sorbet als Dessert oder Zwischenmahlzeit.

FÜR 4 Personen
ZUBEREITUNGSZEIT 30 Minuten

MANGO-PAMPELMUSEN-CREME

Nuôc sinh to sai

1 Dose Kokosmilch (200 g)
½ Pampelmuse
4 reife, Mangos etwa 1,5 kg
100 g Zucker
800 ml Wasser
8–10 Eiswürfel

> *Eine Leckerei aus Asien, von der man nie genug bekommen kann!*

- Die Kokosmilch in einem Topf zum Kochen bringen und abkühlen lassen.
- Die Pampelmuse schälen und in Segmente teilen, dabei die weiße Innenhaut entfernen. Die Segmente in kleine Stücke schneiden. Die Mangos schälen. Beiderseits des Kerns halbieren und das Fruchtfleisch würfeln.
- Drei Viertel der Mangowürfel, den Zucker, die Kokosmilch und das Wasser mithilfe eines Löffels in einer großen Schüssel vermischen. Das Ganze in den Mixer geben. 1 Minute pürieren, die Eiswürfel hinzufügen und weitere 20–30 Sekunden mixen.
- Den entstandenen Saft in Gläser oder Schälchen füllen. Die Pampelmusenstücke und die restlichen Mangowürfel hinzufügen. Mit einem Löffel gut vermischen. Als Getränk oder als Dessert sofort servieren.

TAPIOKA UND BANANEN MIT KOKOSMILCH

Che tie

Das Aroma der Kokosmilch und der Geschmack von geröstetem Sesam lassen diesen Nachtisch immer wieder zu einem großen Erfolg werden. Genießen Sie dieses Dessert mit einem Glas Muskateller.

FÜR 4 Personen
ZUBEREITUNGSZEIT 30 Minuten
EINWEICHZEIT 30 Minuten
RUHEZEIT 20 Minuten
GARZEIT 30 Minuten

40 g Perltapioka
2 Bananen
2 Prisen gerösteter Sesam
100 ml Kokosmilch
500 ml kaltes Wasser
1 Prise Salz

Für den Sirup
150 g Palmzucker
200 ml Wasser

- Die Tapiokaperlen in einer Schüssel mit lauwarmem Wasser 30 Minuten einweichen. In ein spitzes Sieb geben, mit kaltem Wasser abspülen und abtropfen lassen.
- Die Perlen in einen Topf mit kochendem Wasser geben und 10 Minuten unter ständigem Rühren kochen, bis sie durchsichtig werden. Den Topf vom Herd nehmen und 500 ml kaltes Wasser angießen. Das Ganze 20 Minuten ruhen lassen.
- Die Tapiokaperlen vorsichtig in ein spitzes Sieb geben, mit kaltem Wasser abspülen und beiseitestellen.
- Für den Sirup die Hälfte des Palmzuckers in einen Topf geben. Auf kleiner Flamme schmelzen lassen und den restlichen Palmzucker sowie 200 ml Wasser hinzufügen. Verrühren und 10 Minuten auf kleiner Flamme köcheln lassen.
- Die Bananen schälen und in Scheiben schneiden. In den Sirup legen und 3–4 Minuten auf kleiner Flamme erhitzen. Das Salz einstreuen.
- Das Che Tie in Servierschälchen anrichten, mit gerösteten Sesamkörnern bestreuen und mit Kokosmilch übergießen.

Statt der Bananen lassen sich auch Maiskörner oder Lotossamen verwenden, aber ich bevorzuge die Banane. Wichtig: Die Früchte sollten sehr reif sein.

FÜR 4 Personen
ZUBEREITUNGSZEIT 30 Minuten
EINWEICHZEIT 30 Minuten
RUHEZEIT 20 Minuten
GARZEIT 20 Minuten

FRAÎCHEUR D'ÉTÉ MIT MELONE

40 g Perltapioka
500 ml kaltes Wasser
1 weißfleischige Melone (Galiamelone)
100 ml Kokosmilch

Für den Sirup
150 g Palmzucker
20 ml Wasser

„Diese Nachspeise hat keinen vietnamesischen oder kambodschanischen Namen. Ich hatte in Bangkok Gelegenheit, sie zu probieren – als frisches Dessert mit Tapioka und Mangowürfeln. Es ist sehr lecker und löscht den Durst. Noch besser schmeckt es mit frischen Melonenwürfeln. Es ist das Lieblingsdessert der Schauspielerin Nathalie Baye. Ihr habe ich mein Rezept gewidmet.

- Die Tapiokaperlen in einer Schüssel mit lauwarmem Wasser 30 Minuten einweichen. In ein Sieb geben, mit kaltem Wasser abspülen und gut abtropfen lassen.
- Die Tapiokaperlen in einen Topf mit kochendem Wasser geben und 10 Minuten unter ständigem Rühren kochen, bis sie durchsichtig werden. Den Topf vom Herd nehmen und 500 ml kaltes Wasser angießen. 20 Minuten ruhen lassen.
- Die Tapiokaperlen vorsichtig in ein spitzes Sieb geben, mit kaltem Wasser abspülen und in den Kühlschrank stellen.
- Für den Sirup die Hälfte des Palmzuckers in einen Topf geben. Auf kleiner Flamme schmelzen lassen und den restlichen Palmzucker sowie 200 ml Wasser hinzufügen. Verrühren und 10 Minuten auf kleiner Flamme köcheln lassen. 15 Minuten abkühlen lassen, dann in den Kühlschrank stellen.
- Die Melone schälen, halbieren und die Kerne mit einem Löffel entfernen. Das Fruchtfleisch in Würfel von etwa 2 cm Kantenlänge schneiden. In den Kühlschrank stellen.
- Kurz vor dem Servieren die Tapiokaperlen in eine Schüssel geben. Den Sirup mit einem Schneebesen einrühren, damit die Tapiokaperlen nicht klumpen. Danach die Melonenwürfel hinzufügen und das Ganze mit Kokosmilch übergießen. Sofort servieren.

Gekochte Tapiokaperlen sind in einer luftdicht verschlossenen Dose im Kühlschrank 2–3 Tage haltbar.“

KAMBODSCHANISCHER FLAN

Sankia Dom

FÜR 4 Personen
ZUBEREITUNGSZEIT 15 Minuten
RUHEZEIT 10 Minuten
GARZEIT 1 Stunde 10 Minuten

225 g Palmzucker
400 ml Kokosmilch
8 Eier

Zum Garnieren
einige Kokosraspel
einige Blätter vietnamesische Rau-mant-Minze

Dieser Flan lässt sich leicht herstellen, aber man benötigt Palmzucker und Kokosmilch für seinen ganz besonderen Geschmack.

- Den Palmzucker und die Kokosmilch in einen Topf geben. Den Palmzucker auf kleiner Flamme 10 Minuten schmelzen lassen, dabei ständig umrühren. Die Mischung 10 Minuten auf Zimmertemperatur abkühlen lassen.
- Den Ofen auf 180 °C vorheizen. Die Eier in einer großen Schüssel mit der Gabel verquirlen und mit der Kokosmilchmischung verrühren. Den entstandenen Teig in eine ungefettete Backform füllen. Die Form in eine größere Backform mit hohem Rand stellen. Diese halbhoch mit Wasser füllen. Bei 180 °C in den Ofen schieben. Nach 15 Minuten die Temperatur auf 150 °C senken und den Flan weitere 40 Minuten im Wasserbad backen.
- Kalt oder lauwarm servieren. Dabei jedes Stück Flan mit Kokosraspeln und einigen Blättern Rau-mant-Minze garnieren.

Dazu können Sie Klebreis servieren (Rezept auf S. 112).

FÜR 4 Personen
ZUBEREITUNGSZEIT 10 Minuten
GARZEIT 20 Minuten

GEBRATENE MANGOS MIT ZIMT UND HONIG

Svai Tieng

3 nicht zu reife Mangos
2 Orangen
600 ml Wasser
4 Zimtstangen
100 g Zucker
80 ml Honig
50 g Butter
Saft von 1 Limette
4 Kugeln Kokos- oder Litschi-Sorbet

> *Eine nicht zu reife Mango, mit cremigem Fruchtfleisch und mit Zimt und Honig gebraten, wird ihren Gaumen entzücken!*

- Die Mangos schälen, beiderseits des Kerns halbieren und jede Hälfte der Länge nach in 5 Streifen schneiden. Die Orangen waschen und mit Schale in je 4 Scheiben schneiden.
- Wasser, Mangostreifen, Orangenscheiben, Zimtstangen und Zucker in eine Pfanne geben. Auf kleiner Flamme 7 Minuten anbraten. Die Mangostreifen und die Orangenscheiben mit einem Schaumlöffel wenden und weitere 5 Minuten anbraten. Die Mangoscheiben, die Orangenscheiben und die Zimtstangen aus der Pfanne nehmen und abtropfen lassen.
- Bei starker Hitze erneut von beiden Seiten kurz anbraten, dann die Temperatur senken. Die Hälfte des Honigs hinzufügen. Die Früchte etwa 3 Minuten weiterbraten und von beiden Seiten leicht karamellisieren lassen. Die Butter und den restlichen Honig hinzufügen. Noch einmal 2–3 Minuten braten. Mit dem Limettensaft ablöschen und den Bratensaft mit einem Spatel loskochen.
- Die Mangostreifen auf die Teller verteilen und mit dem karamellisiertem Bratensaft beträufeln. Dazu können Sie die karamellisierten Orangenscheiben servieren, außerdem je eine Kugel Sorbet, vorzugsweise Kokos- oder Litschi-Sorbet.

FÜR 4 Personen
ZUBEREITUNGSZEIT 30 Minuten

MILCHSHAKE MIT STACHELANNONE

Nuoc Sinh To

- 1 Stachelannone (etwa 600 g)
- 1 Dose Kondensmilch (200 g)
- Saft von 2 Limetten (etwa 40 ml)
- 800 ml Wasser
- 8–10 Eiswürfel

In Südostasien löscht man seinen Durst mit diesem frischen Milchshake – unter einem Sonnenschirm oder bei einem der vielen Fruchtsaftverkäufer auf der Straße. Deren Stände sind mit Früchten in vielen Farben bestens ausgestattet: Bananen, Stachelannonen, Mangos, Papayas, Ananas ... Diesem Dessert konnte ich nie widerstehen, wenn ich in Ho-Chi-Minh-Stadt auf den Markt ging.

- Die Stachelannone schälen und das Fruchtfleisch mit einem kleinen Löffel entnehmen. Die Kerne entfernen.
- Das Fruchtfleisch mit der Kondensmilch, dem Limettensaft und dem Wasser in einer Schüssel vermischen. In den Mixer geben und 1 Minute pürieren. Die Eiswürfel hinzufügen und weitere 20–30 Sekunden pürieren.
- Sofort servieren – als Getränk oder als Dessert.

Probieren Sie diesen Milchshake auch einmal mit anderen Früchten!

Mein Dank geht an meine Familie: an meinen Ehemann Marc, an meine Schwestern Barbara und Christine sowie an meine Brüder Khim und Chhim. Sie alle haben mir bei der Fertigstellung dieses Buches sehr geholfen.

VIRGINIE TA

”

AU COIN DES GOURMETS

Besuchen Sie uns:

★ RIVE GAUCHE
5, rue Dante
F-75005 Paris
Tel. 0033 1 43 26 12 92

★ RIVE DROITE
38, rue du Mont-Thabor
F-75001 Paris
Tel. 0033 1 42 60 79 79

REZEPTREGISTER

UMRECHNUNGSTABELLEN FÜR MASSEINHEITEN

FLÜSSIGKEITSMASSE

Metrisches System	Amerikanisches System	Andere Bezeichnung
5 ml	1 Teelöffel	
15 ml	1 Esslöffel	
35 ml	1/8 cup	1 oz (1 Unze)
65 ml	1/4 cup	2 oz
125 ml	1/2 cup	4 oz
250 ml	1 cup	8 oz
500 ml	2 cups oder 1 pint	
1 l	4 cups oder 2 pints	

TROCKENMASSE

Metrisches System	Amerikanisches System	Andere Bezeichnung
30 g	1 oz	
55 g	1/8 lbs	2 oz
115 g	1/4 lbs	4 oz
170 g	3/8 lbs	6 oz
225 g	1/2 lbs	8 oz
454 g	1 pound	16 oz

OFENTEMPERATUR

Hitzegrad	°Celsius	°Fahrenheit
Sehr schwach	70 °C	150 °F
Schwach	100 °C	200 °F
	120 °C	250 °F
Mittel	150 °C	300 °F
	180 °C	350 °F
Heiß	200 °C	400 °F
	230 °C	450 °F

EBENFALLS IN DIESER REIHE ERSCHIENEN:

Garlone Bardel dankt herzlich
diesen Geschirr-Boutiquen und -Designern
für ihre wertvolle Mitarbeit beim In-Szene-Setzen der Gerichte:
www.caravane.fr
Geschirr aus Zitronenholz: S. 14, 15, 24, 81, 85, 107, 109.
Geschirr aus Mangoholz: S. 41, 51, 57, 99, 67.
Keramik: S. 65, 79, 91, 95, 115, 123.

www.latresorerie.fr
Stoffe: S. 14, 15, 29, 31, 39, 43, 45, 49, 59, 63, 69, 73, 75, 77,
103, 109, 111, 113, 114, 115, 117, 119 121, 123, 125, 129.
Brettchen und Tabletts: S. 25, 27, 33 43, 53, 71, 75, 79.
Keramik: S. 101.

Außerdem ein großes Dankeschön für den stets
herzlichen Empfang bei der Familie Ta!

Originaltitel: La cuisine du Vietnam – Cambodge, Laos
ISBN 978-23-17008-34-4

Layout Innenteil und Cover: Patrice Renard
Fotoreproduktionen: Regard Numérique
Korrekturen: Isabelle Clemenceau
Redaktion: Marine Schoeser und Stéphane Mouren
Herstellung: Thierry Dubus

Übersetzung aus dem Französischen:
Holger Möhlmann, Köln, für writehouse, Köln
Lektorat: Katrin Höller, writehouse
Satz: Röser MEDIA, Karlsruhe
Covergestaltung basierend auf
einem Layout von Mango, Paris:
Röser MEDIA GmbH & Co. KG, Karlsruhe

Gesamtherstellung: Ullmann Medien GmbH, Potsdam

Printed in Slovenia, 2017

ISBN 978-3-7415-2216-1

10 9 8 7 6 5 4 3 2 1
X IX VIII VII VI V IV III II I

www.ullmannmedien.com
info@ullmannmedien.com
facebook.com/ullmannmedien
twitter.com/ullmannmedien

MIX
Papier aus verantwortungsvollen Quellen
FSC® C129466